SHODENSHA
SHINSHO

日本人と中国人

――なぜ、あの国とまともに付き合えないのか

イザヤ・ベンダサン／著
山本七平／訳

JN161302

祥伝社新書

本書の初出は、雑誌「文藝春秋」にて一九七二年から一九七四年に断続的に連載されたものである。その後、一九九七年に「山本七平ライブラリー13巻『日本人とユダヤ人』」(文藝春秋)に収録され、二〇〇五年に小社より、注を加えて単行本化された(絶版)。そして今回、改めて新書として世に問うこととなった。

読者のみなさんへ

　本稿は、右にも記したとおり、今を遡《さかのぼ》ること三十三年前、一九七二年に執筆が開始されたものです。この年は、日中両国が歴史的な国交回復を遂《と》げ、日本中が朝野《ちょうや》をあげて沸《わ》きかえっていました。その一方で、台湾との間で締結されていた日華平和条約は、一方的に破棄されたのです。本稿の執筆が開始されたのは、まさにそうしたときでした。

「条約より市民感情が優先される」、このようなことがあっていいのか。そうした疑問と、憤《いきどお》りにも似た気持ちが、著者を本稿の執筆へと駆り立てたことは、疑いのないところです。もちろん、ここで著者が言いたいことは国交回復の是非《ぜひ》ではなく、こうした折りに顔をのぞかせる、一時的な感情にあまりに支配されることの多い日本人の特性（この場合は明らかに欠点）についてでした。

　日中関係というのは、考えてみれば、双方が対等でまともな関係を持ったという時代がありません。古代は日本が朝貢する関係、その後も正式な国交はなく、政経《せいけい》分離の時代が続きました、足利義満《あしかがよしみつ》は朝貢することで貿易の実利を得ようとしましたが、彼の死後、再び断絶。秀吉《ひでよし》は明《みん》との交渉を決裂させて、第二次朝鮮出兵へといたります。徳川《とくがわ》時代も国交はなく、国内では異常な中国ブームから、一転して中国人蔑視《べっし》へと移ります。さらに明治以降についていえば、知っての通りです。

このように、日本がこれまで中国と、まともに付き合ってこられなかった理由は何なのか、今後はどうしたらいいのか。これまでの歴史的経緯を検証し、日本の側から問題点を追究しようとしたのが本稿です。依然ぎくしゃくした問題が絶えない両国関係を見るにつけ、三十余年たった今、本書を改めて世に問う意義は少なくないものと信じます。

なお、本稿には執筆当時の時代背景と日本史全般について、あらかじめ了解していないと、理解がむずかしい記述が多々見られます。それについては、出来る限り注を補《おぎな》いました。（ ）でくくられた注記は執筆当時の著者によるもの、〔 〕でくくられた注記、および欄外に掲載した注記は、今回、編集部で加えたものです。

また本書の刊行については、企画の提案、原典史料の探索と照合、注記の作成等に、「山本七平先生を囲む会」の横川太一氏、山田尚道氏、渡部陽司氏、柴田瞭氏、以上四氏の一方ならぬ協力をいただきました。ここに記して御礼申し上げます。

二〇〇五年一月吉日

祥伝社書籍出版部

目次

二章　鎖国時代の中国大ブーム

――家康《いえやす》による日中国交回復と、朱舜水《しゅしゅんすい》が及ぼした影響

三章 尊皇思想の誕生

――なぜ京都町奉行は、竹内式部《たけうちしきぶ》に慴伏《しょうふく》したのか

四章 明《みん》朝《ちょう》派日本人と清朝派日本人
――「日本国王」を受け入れた足利義満《あしかがよしみつ》の中国観

五章

太閤《たいこう》式・中国交渉の失敗

――秀吉は、なぜ明《みん》との交渉を決裂させ、再度の朝鮮出兵にいたったか

八章

中国を忘れた日本

——田沼《たぬま》時代から明治維新へ、中国蔑視《べっし》時代の対中関係

九章

「外なる中国」と「内なる中国」

――二・二六事件の将校に連《つら》なる近代日本の天皇観と中国観

本文デザイン　盛川和洋

一章

感情国家・日本の宿痾《しゅくあ》

――日中国交回復と日支事変に共通する歴史的問題点

国民は個人そのものの如《ごと》くに不可解である

――ナハマン・シルキン（イーディッシュの作家）

「歴史は繰《く》りかえす」という議論

「歴史は繰りかえす」「いや繰りかえさない」という議論は繰りかえす。ということは、この議論の歴史は繰りかえされている、ということであろう。だがこの議論をこれ以上繰りかえす気はない。この問題は、非常に単純に考えれば、次のようなことかもしれない――人の一生にも民族の生涯にも繰りかえしはない、しかしある人の生涯を回顧した場合、その人の生涯が、ある行動の型の繰りかえしのように見えることもまた事実であるように、民族の生涯が、ある行動の型の繰りかえしのように見えることもまた事実である、と。

個人にも民族にも生誕と死があり、生涯がある。そして個人の生涯には、その人の性格と環境が大きく作用しているように、民族の生涯にもまたその民族性と民族の環境が大きく作用しているであろう。

だが今ここで、性格と環境との相関関係や相乗作用には立ち入らない。また、そう見えたからといって、見えたままが事実だとはもちろん言えない。しかし一方では、見えたという事実も否定はできない。

従って現在の日本の行動は過去の繰りかえしだと断言はできないし、もちろん人類のいかなる民族の歴史にも「逆コース」や「この道はいつか来た道」などというものは存在しない。しかし、これが、ある行動の型の繰りかえしであるように見えることもまた事実である。

従って以下に記すことは、「かく見えた」であって「かくあった」という断定ではない。ということは、以下が「かくあった」を追究する一つの手掛かりだということである。

理解不能の日中国交回復

一種の妙な印象を受けたのは、私自身がしばらく旅行していて、何の情報にも接していなかったからであろう。もちろん、ニクソン訪中（一九七二年二月）は周恩来《しゅうおんらい》（当時の中国首相）の「王手飛車」で、本当の狙《ねら》いは「急に頭がかゆくなった」日本人、取るべき駒《こま》は「人生劇場」の飛車角栄《かくえい》氏（当時の田中《たなか》角栄首相）であろうとは思っていたものの、戦後日本人も大分《だいぶ》苦労したからそう簡単には問屋が卸《おろ》すまい、第一、王手飛車が常に成功するわけでもあるまいと高をくくっていたのだが、余りにピシャリとこの一手がきまったので、「ヘエー」という気がしたわけであろう。私は今なお「ヘエー、なるほ

〈注一－1〉

ど」と思っている。

中国が日本を処理する場合、最後に使う手はアメリカである。これは蔣介石《しょうかいせき》でも周恩来でも同じことであろう。

その昔、日本人は、ゴボウ剣をぶら下げて勝手に中国に居《い》すわり、押せども突けども、梃《てこ》でも動かない。後述するように、そうする理由があるなら、その理由を取り除けばよいわけだが、全《まった》く理由がわからない。どうソロバンをはじいても、どんな論理を組み立てても解答は出て来ない。

業《ごう》を煮《に》やした蔣介石が、アメリカに手をのばして背後から日本人の襟《えり》がみをちょっとひっぱってもらった。すると東条《とうじょう》ナニワブシ宰相はたちまち血相をかえ、「中国からの撤兵だけは絶対に応じられん」と来栖《くるす》特使に申し渡した上でアメリカに派遣し（どうもここが少々おかしいのだが）、あげくの果てには爆弾をかかえて真珠湾《しんじゅわん》にとびこませ、「暗雲一気に晴れて、青空が見えた」と全日本人を狂喜させた。

戦後の日本は、つまるところこの裏返しで、大八洲《おおやしま》とやらに腰を据え、今度は、いかなる手練手管《てれんてくだ》を使っても、中国に対して腰もあげず、顔を向けようともしない。業を煮やしたかつての蔣介石の同僚（周恩来）がニクソンを北京《ペキン》に呼び、結果として日本の背中をトンとついてもらった。すると日本人は全員が「頭越シー」と叫んだかと思うと、ワーッと北京目がけてかけ出し、「暗雲一気に晴れ、北京の空は青かった」と狂喜した、というような印象を受けた。

印象はあくまでも印象にすぎないが、しかし、これがおそらく、かねがね日本の新聞の主張する自主外交というものなのであろう。やはり日本語はむずかしい。

だがこの印象の奥にあるものは何であろうか。案外冷然とした民衆の顔で、結局は新井《あらい》

〈注一－1〉　一九七〇年代初頭、ベトナム戦争の泥沼化で、アジアから手を引こうと考えていたアメリカの欲求を見抜いた周恩来が、対ソ戦略上、日中国交の早期回復を狙い、日本の頭越しにアメリカ大統領ニクソンの訪中を発表し（七一年七月）、実現させた（七二年二月）手法をさす。周恩来の狙いどおり、日本は「青天の霹靂《へきれき》」（中曽根康弘《なかそねやすひろ》・自民党総務会長）と焦《あせ》り、新聞は「国連の空気、大幅に変化」と台湾の地位などについての「時代の流れ」を煽《あお》った。投書欄では十八歳の少年までが、「孤児の道歩む日本」（七一年七月二十日付『朝日』紙）と嘆《なげ》く騒ぎで、その結果、まだまだ時間がかかると思われていた日中国交回復が、急転直下、実現した。つまり、すべては周恩来の思惑どおりに事が運んだというわけである。

白石《はくせき》が『藩翰譜《はんかんぷ》』〈注一―2〉で行なった分析〔二章61ページ以下を参照〕が、日本の終戦を的確に予測しうる最大の指針であったのと同じように、案外、今回も同じ原則に従っているのかもしれぬ。

とすると、この間の事情を解明するには、『藩翰譜』が言及している昔までさかのぼらねばならないわけだが、それは次の章に譲《ゆず》るとしよう。というのは、それをするにはそれ以前にまず、今回のことの始まりを探究し、いわば初めと終わりを調べた上で、これを三百年前と対比しなければならないからである。従ってここではまず、「初め」すなわち三十五年前〔一九三七年の日支事変勃発《ぼつぱつ》をさす。ここでは本稿執筆の一九七二年から起算〕と現代との対比にとどめておく。

三十五年前の始まりを、世界は「さっぱりわからん」という態度で受けとったが、同じように今回の「終わり」〔急転直下で実現した日中国交回復のこと〕もまた、「さっぱりわからん」という態度で受けとった。何でも的確に分析するのがお得意のはずの西欧の新聞が、今回のことについては「歴史的・文化的要素の作用」などという意味不明の解説でお茶をにごしている。

これではまさに日本的解説だが、日本を解説すれば日本的になるのも無理はあるまい。

表面的に見れば、明治・大正の日本人の行動は何とか理解できたが、昭和期に入ると日本人の行動は何が何やらさっぱり理解できない、ということになる。これが実に面白い。西欧との交渉が深まれば、毎日「余録」〔毎日新聞1面の下欄に掲載されているコラム〕先生のいわゆる「相互理解のうまい方法」とやらが出てくるはずなのだが〈注一－3〉、実はこれが逆になっていく。なぜか。実はそこなのである、「歴史は繰りかえす」ように見えるといったのは。

つまり「西欧への鎖国」と「中国への傾斜」およびその逆転——非常に面白い問題だが、まず脚下《あしもと》を眺めることも必要であろう。

歴史に対する誤解

三十五年に区切ることは確かに超近視眼的見方であり、またこの間のことは、今回の

〈注一－2〉　一六〇〇年より一六八〇年までの、八十年間の全大名家の経歴と系譜をまとめたもの。一七〇二年に編纂《へんさん》され、将軍家に献上された。

〈注一－3〉　一九七一年十月十三日付の記事をさす。

「田中訪中」に関連して、政府も新聞も評論家も、すでに論じつくしていることと思う。大陸との戦争状態を終わらせる以上、それがどのようにして始まったかを徹底的に調べることは、いわば常識であり、いかに日本が日々に理解しにくい存在になって行くとはいえ、この常識すらなくなってしまったとはいえない。従って、すでに論じつくされたことの復習になるかもしれない。

戦争の原因は、昔へ昔へとたどって行けば、常に人類の始祖までさかのぼってしまうものであるから、この原因の探究だけは、逆に手近へ手近へと引きよせないと解明できない。そして解明できないと、解決ができない。

これは一つの原則であって、日支事変にもパレスチナの戦争にもあてはまる。従って、盧溝橋《ろこうきょう》に始まる戦争の最も手近な原因は何であったか、否《いな》、何であると見ることが当時の世界の常識であったか、という問題がまず解明されねばならないであろう。

この場合、探究すべきものはあくまでもまず「当時の世界の常識」であって、現在の判断ではない。この二つは絶対に混同してはならないもので、過去のことをいきなり現在の基準で判断すれば、かえって何もかもわからなくなってしまう。わからなくして、ひとを煙《けむ》にまくにはこれが最も良い方法であることは事実だが、それは「歴史」ではない。もう一度いうが、当時の事態と当時のその事態への判断と、両者への現在の判断とは峻別《しゅんべつ》されねばならない。従って当時の判断を記すにあたって、現代の基準、特にいわゆる倫理的基準に基づく判断は、絶対に加えてはならない。これをすると「歴史」が「黙示《もくし》文学」になってしまう。

黙示文学の定義は複雑だが、ここでは、一応「自己の時代を理解しようと、一定の宗教的法則性に基づいて、歴史を同時代化した文学」としておこう。もちろん黙示文学には黙示文学として価値あるものもあれば無価値なものもあるが、「黙示文学」には「歴史」の価値はない。だがこの問題の詳述は別の機会にゆずり、次に進もう。

日支事変を、世界はどう捉《とら》えたか

日支事変が始まったとき、世界の多くの人は、これを日本の全く不可解な行動とは見ず、一種の「七年戦争」〔一七五六—六三年にオーストリアとプロシアとの間で行なわれた戦争〕と判断していた。判断の当否は別として、確かにそう見えた。言うまでもなく「七年戦争」はプロシアにとっては「シレジア領有確認戦争」である。いわゆる「オーストリア継承戦役」〔一七四〇—四八年〕で、フリードリヒ大王は、いわば「火事場泥棒」的にシレジアを奪取したが、取られたオーストリアはもとより、欧州の列強は、その領有権を本心では承認していない。オーストリアはもちろん奪回を計る。大王は七年戦い、得たものは既得の領土の所有権の確認——いわばそれによって生ずる新国境を、公認の境界としてオーストリアと列強に確認させただけであった。

国境という概念のない日本人にはわかりにくいであろうが、これは常に、戦争の原因になる重要な問題の一つである。パレスチナ戦争は七年戦争とは全く性格が違うが、しかしこれも一種の「国境取得＝承認戦争」だとはいえる。日本の新聞はこのことが全く理解できないので、旧停戦ラインを国境の如《ごと》くに記し、それと新停戦ラインの間を占領地としているが、これは誤りであって、両者とも停戦ラインにすぎない。停戦ラインはあくまでも停戦ラインであって、国境ではない。

ヨーロッパ大陸を旅行した日本人が、「国境とはつくづく大変なものだと思います。日本に国境がないのは有難《ありがた》いことだと思います」というが、イスラエルにはその「つくづく大変な」国境すらなく、何とか国境がほしいと願っているわけだから、日本人の「パレスチナ問題批判」が、『日本人とユダヤ人』で記したように、マリー・アントアネット式批判〈注一‐4〉になるのも致し方あるまい。

しかし忘れてはいけない。このような批判の底にある認識不足に基づく独善的断定が、実は、日支事変の最大の原因の一つであったことを。しかし、そのことは未《いま》だにわかっていないらしい。

国境とはあくまでもそれに接する両者が合意した線であって、お互いにその外側は他国と認め、その外側で生じた問題には干渉の権利がないと相互に認めること、簡単に言えば相手の存在を認めることである。この国境の存在を認めないということは、相手の存在を認めないということである。

従って、どのような形であれ、両者合意の一つの線を確認・確保し、同時に世界の列強にそれを承認させ保証させる、それによってあるいは自己の安全を計り、あるいは事態の安定化を計る、時にはそのためにのみ戦争さえ起こる、ということは、少なくともヨーロッパ人にとっては、不可解なことではない。もちろんこのことは、問題解決のためにこの

〈注一－4〉『日本人とユダヤ人』の「別荘の民《たみ》・ハイウェイの民」の章に、「マリー・アントワネットが『貧乏人はパンを食べられないというが、パンがなければお菓子を食べれば良いのに』と言ったという」とある。

ような手段をとることの是非善悪とは、別の問題である。

日本は眠れる大国を刺激する名人

従って、日支事変が始まったとき、世界の列強の殆《ほとん》どは、これを一種の「七年戦争」と理解したのは当然である。「シレジア領有確認戦争」と同様の「満州領有確認＝満州国承認獲得戦争」、すなわち中国政府に満州国の独立を承認させるための軍事的行動乃至《ないし》は軍事的示威行動と見た。そして蔣介石自身も明らかにそう考えていたし、また、後述するように、彼には、そう考える根拠があった。

従って宣戦布告をしないのもその故《ゆえ》で、これは、示威目的さえ達すればいつでも兵を引く用意があるという意思表示で、日本自身も、これをあくまで軍事的示威行動と規定し、戦争とは規定していないのだと彼も世界も考えていた。

西欧がこう考えた底には、やはり一つの伝統的な考え方が無意識のうちにあったからであろう。ヨーロッパというユーラシア大陸の一半島に住む人びとには、「大国は半睡《はんすい》状態にしておけ」という行き方が、本能のように備わっている。

彼らは、その昔のモンゴルやトルコ、その後継者のロシア、すなわち彼らがアジアと考えた地の大国の脅威に、祖先伝来的な敏感さをもっていた。ナポレオンはモスクワを「アジアの首都」と呼んでいる。そして彼自身も、この地に一種の本能的な恐怖心をもっていた。

しかし大国には大国の弱点がある。それは「自給自足的な半睡状態」に絶えず落ちこもうとする傾向があり、同時にこれへの抵抗がある。文化大革命もその一つであろう。そして半睡状態を助長してやることこそ小国の安全だ、ということは、ヨーロッパ大陸にとっては一種の本能でもあった。同時にこれを逆用もした。そしてこの逆用の名人はイギリスであり、それが、フランスにおけるド・ゴール的反英感情の基《もと》となっている。この感情はド・ゴールの専有物ではない。

従って昭和期の日本の行動は、常に彼らに奇異に見えた。この不思議な国は、半睡状態におちいろうとする大国を刺激して叩き起こす名人なのである——熊の横っつらをはりとばしたり、竜の髭《ひげ》を引き抜いてみたり、金袋によりかかってうとうとしている怪獣マンモンの袋に大穴をあけて、あわてて目をさまさせたり……。

だが日支事変の始まるころには、欧州の列強も、まだ、日本人のこの不思議な癇癖《かんぺき》には気づいていなかった。これが彼らも、示威で終わるであろうと考えた、目に見えぬ基本的な理由の一つであろう。だがそれとは別に、明白に、そう考えるべき根拠もある。

蔣介石《しょうかいせき》と近衛文麿《このえふみまろ》の秘密交渉

それがすなわち、蔣介石もそう考えていた根拠である。昭和十年十月、日本政府は、日中提携三原則を中国に提案した。すなわち排日停止・満州国承認・赤化防止の三カ条である。この一年前すなわち昭和九年十月十六日、中共《ちゅうきょう》軍は大西遷を開始し、十一月十日に国府《こくふ》軍は瑞金《ずいきん》を占領し、蔣介石の勢威《せいい》大いにあがった時であったから、日本もそろそろ「火事泥」の後始末にかかるのも当然の時期であろう、と蔣介石も世界も考えたのもまた当然である。

蔣介石はもちろんこの「日中提携三原則」を受け入れなかったが、しかし、これは外交交渉という点から見れば当然のことである。彼は何もこの提案をポツダム宣言の如く受諾せねばならぬ状態にはないし、第一、こんなばかげた提案は、おそらく世界の外交史上類例がないからである。

日本は満州国は独立国であり、民族運動の結果成立した国であると主張している。従って満州国と日本国とは別個の国のはずである。それなら満州国承認は、あくまでも中国政府と満州国政府との間の問題であって、日本国政府は何ら関係がないはずである。従って秘密交渉ならともかく、公然とこの主張をかかげることは、その後も一貫して日本政府は、一心不乱に、「満州国とは日本傀儡《かいらい》政権であります」と、たのまれもしないのに、世界に向かって宣伝していたわけである。この辺もまた、まことに支離滅裂で面白いし、この点では今も同じだが、先へ進もう。

蔣介石ももちろん問題解決のため、模索していた。彼は前に近衛〔文麿〕公〔首相就任前の〕に一つの私案を送っていた。それの第一条は「満洲問題ハ当分ノ間不問ニ附スル」であり、その説明は、公の語るところによれば「現在の空気では支那に於《おい》ては取《とり》あげられないから」であった。

確かに、この時点では、これはあらゆる意味において合理的な提案であった。一種の「アデナウアー方式」〈注一－5〉であり、「北方領土問題不問」の日ソ国交回復方式であり、これが当時の中国政府の譲歩しうる限度であったであろう。

近衛公自身の語るところによれば、公はこの提案を非常に喜び、これで当面の問題は一応解決すると信じ、早速各方面と折衝した。ところが軍の反対にあった。軍は、すべてに賛成であるが、ただ第一条「満洲問題ハ当分ノ間不問ニ附スル」は受け入れられない、これを承認とあらためよ、であった。

前述のようにこの要求自体が非常におかしい。しかし非公式の反対提案なら（いわば裏取引なら）、考えられぬほど非常識ともいえない。両案の中間、たとえば「中国は満州国を承認しない、しかし第三国の承認は妨《さまた》げず、承認国への報復は行なわない」（これは実質的には「不問」に入る）といった線で妥協に達することも、考えられないことではないからである。しかし蔣介石はそれをしなかった。

条約よりも市民感情が優先する国

それには理由がある。日本人には「交渉」という概念がなく、中国に対しては常に条件をつきつけてイエスか、ノーかを迫る、いわば一方的に「押し切る」方式をとり、その上、ひとたび押し切ると次々と条件を加重してくるからである。そして譲歩に譲歩を重ねた末に成立した協約さえ、国内事情を楯《たて》に、言《げん》を左右して実行しない。ニクソンもぼつぼつこの苦杯をなめはじめたようだが〈注一－6〉、終世この苦杯を飲まされつづけたのは、おそらく蔣介石であろう。これは今でもおそらく同じで、日本人には交渉→合意→契約→実施という概念がないからであろう。

たとえば新聞などには平然と「市民感情がゆるさない」という言葉が出てくる。これは言うまでもなく「条約よりも市民感情が優先する。そしてそれが当然だ」という主張だが、いわば「感情の批准《ひじゅん》がない条約は無効だ」という主張になるから、こういう民族と条

〈注一―5〉 西ドイツ首相アデナウアーが東西分裂後のドイツで行なった外交方式。ソ連との間で、講和条約、領土問題等の重要事項は棚上げにして、捕虜交換、大使交換等の当面必要な事項についての合意を優先し、国交を回復した。つまり、外交における懸案事項棚上げ方式のこと。

〈注一―6〉 アメリカは、「現存する約束（条約上の義務）は守る」との原則は踏まえた上で、中国との交渉にあたり、中国も「交渉も対決の一方法」とわきまえた上で、ニクソンを招いた。けれども日本は、ただただ復交が目的のようで、このことを懸念《けねん》したアメリカは、田中角栄首相訪中の直前に日米首脳会談を行ない、「日米安保堅持」の念押しをした。だが田中首相は訪中後の記者会見で、「安保条約の極東範囲から、台湾を除外する措置をとるのか」と訊《き》かれた折、それを認め「事態が変わったのだ」と公言したため、ホワイトハウスのジーグラー報道官は、日中共同声明に対し異例のノーコメントという姿勢に出た。

約を結ぶのは確かに非常にむずかしいであろう。

日支事変とは、私の考えでは、実はこの行き方の帰結なのである。もっとも当時は「市民感情」でなく「国民感情」であったが、この二つは、日本に関する限り同一であろう。そして、中国にとっては実に苦しかったこの諸経験から、この点を非常に鋭《するど》く見抜き、かつ学んだのが周恩来であろう。

彼は蔣介石の対日交渉を側面から見ていて、その失敗の経過はすべて知っていた。彼の結論はおそらく「日本人と契約を結ぶには、交渉よりも先に、まず相手の感情を操作し、『感情』に批准させねばならぬ」ということであったろう。彼の見通しは正しかった。

話は前後したが、蔣介石は話合いを打ち切ったわけではない。彼は日本側の反対提案を拒否したが、しかし、もし自分の提案を基《もと》としてくれるなら、他の条項では譲歩する用意があるから、いつでも連絡してくれるように申し入れて、一応、交渉を中断した。近衛公の語るところによれば、この申し入れに応じて、事変が始まるとすぐ秋山定輔《あきやまていすけ》と宮崎竜介《みやざきりゅうすけ》の二人を公の私的使節にして中国に送ろうとした。しかし二人は途中で「スパイ容疑」で憲兵隊に逮捕された。ここで一応、一切の交渉の綱は切れたわけである。

トラウトマン和平工作のはじまり

いわゆる杭州湾《こうしゅうわん》敵前上陸〔一九三七年十一月〕で上海《シャンハイ》の中国側防禦線《ぼうぎょせん》が崩壊しはじめたとき、トラウトマン駐支独大使による和平斡旋《あっせん》が始まった。いわゆるトラウトマン和平工作である。当時、日本の軍事行動を内心もっとも苦々《にがにが》しく感じていたのは、実は、ナチス・ドイツ政府であった。彼らは蔣介石軍の増強により、中ソ国境が現在の如くに緊張することを夢見ていた。皮肉なことに、今〔一九七二年当時〕の中ソ関係こそ、ヒトラーの夢であり、ソビエト軍五十個師団のシベリア移駐こそ、彼の望みであった。

従って蔣介石軍に軍事顧問団を派遣し、その関係は一時、ある時期の南ベトナム軍と米軍事顧問団ぐらい密接であった。上海の防衛線は実は彼らの指導で出来たものである。また南京《ナンキン》には、当時の上海在住のユダヤ人から「ゲッベルスの腹心」と恐れられたナチス党員の一商人がおり、あらゆる情報は大使館とは別の系統でナチス政府に送られ、またさまざまな指示も来て、蔣介石と密接な連絡をとって情報・宣伝に従事していたらしい。一方ドイツではその後、日本軍の対支軍事行動に反対する「官製デモ」も行なわれている。だが当時の日本の新聞は、このデモを一行も報道していない。彼らは、その祖先の行き方を参照したから、日本の軍事行動が「七年戦争」、いわば「満州国領有承認獲得戦争」であると信じて疑わなかった。また一方では、日本軍による中国軍の全面的崩壊を恐れていた。

彼らの狙いが、「反共日蔣同盟」による中ソ国境の緊張化であり、トラウトマン和平工作が、この考え方を基礎としていることは、次のことから明らかである。すなわち日本政府と交渉の結果、その条件を、㈠満州国承認、㈡日支防共協定の締結、㈢排日行為の停止その他とし、彼はこれを全面的に相手に受け入れさせるため、あらゆる努力をしたわけである。

彼は十一月六日、行政院長孔祥熙《こうしようき》と会見し、多少の曲折はあっても、ほぼこの線で事変は終熄《しゆうそく》するという確信をもった。ここであくまで明記しておかねばならぬことは、いずれにせよ、これを提案したのは日本政府だったということである。

これは、相手がこの条件を呑《の》みさえすれば、日本軍は平和裏に撤退することを、第三国という保証人を立てて、相手に申し入れたということである。日本人が過去の経験において絶対に忘れるべきでないことがあるとすれば、このことである――これが、だれからも強要されたのではない「自《みずか》らの提案」だったという事実である。自らの提案を自ら破棄した者は、もはやだれも信用しない。確かにナチス・ドイツの斡旋はそれなりの計算があったであろう。しかしそのことは、現在でも、釈明の理由にはならない。

中国政府は協議の末、十二月二日、トラウトマン大使に「日本案受諾」「同条件を基《もと》とした和平会談の開催」を申し入れてきた。と同時に、その後情勢は変化しているが日本側の提案に変更はないか、と念を押してきた。

これは当時の中国政府にとっては「ポツダム宣言」の受諾に等しかった。すなわち「無条件提案受諾」であり、その意味では、この条件への「無条件降伏」である。

これに対して日本側は条件に変化なしと通告した。戦争は終わった。だれが考えても、これで戦争は終わったのである。従ってそれ以後もなお軍事行動をつづけるなら、それは「狂人だいこ《マッドマンズ・ドラム》」の踊りであって「戦争」ではない〈注一―7〉。

世界が首をひねった日本の戦争

ここまでの日本の行動は一応だれにでも理解できる。もちろん理解できるということは、その行動を是認できるということではない。簡単にいえば、泥棒が押し入って来て金《かね》を出せといった、金を出したらそれを受け取って泥棒は去って行ったのなら、この行動は一応理解できる。同じように日本軍が押し入って来て「満州国承認を出せ」といった、そこで中国政府がそれを出したら、日本軍はそれを受け取って去って行った、というのなら、その行動は一応理解できるという意味である。ところが、金を出せというから金を出したところが、相手はいきなりその金を払いのけておどりかかってきたら、この行為はもう「泥棒」とはいえない。さらにそこに坐《すわ》り込んで動かなかったら、これはもう「泥棒」という概念では律しきれない行為で「狂人」とでも規定する以外にない。

従って彼の行為を泥棒と規定しうるのは、相手が「金を差し出した」時までである。ここで泥棒という行為は終わったはずである。私が、「だれが考えても、これで戦争は終わった」というのはその意味である。従ってここまでは「戦争」として理解できる、というのはその意味である。

日本は百パーセント目的を達した。一番の難問題はどうやら片づきそうであった。中国が満州国を承認すれば、全世界の国々の「満州国承認のなだれ現象」が期待できるであろう。事実、中国政府が承認したのに、非承認を固持することは意味がない。「シレジア領有確認戦争」と同じように、これで「満州領有確認戦争」は日本の一方的な勝利で終わったわけであった。何よりも満足したのはナチス・ドイツ政府であったろう。これで蔣介石軍の崩壊は防がれ、日蔣同盟が中ソ国境の脅威となり、ドイツの東方政策はやりやすくなる。

さらに日本の満州領有の列強の確認によるその安定化は、新しい重機械の輸出市場の育成という面でも、彼らにとって大変に魅力あることであった。満州大豆と重機械の取引は、彼らにとって余程《よほど》うまみのある商売だったらしく、それから半世紀もたっているのに、エアハルトが訪日の際、ふとこのことを口にしている。その言葉の奥に「当時のあれはよかった」という感情が見えている。当時おそらく彼らは、日中停戦後の計画、主として経済計画を練《ね》るのに忙しかったであろう。

〈注一 - 7〉 トラウトマン和平工作をめぐっては、ここで著者がのべているように、「和平会談の開催申し入れ」を、そのまま「ポツダム宣言受諾に等しい」と考えることには無理がある、と指摘する声も多い。すなわち「和平会談の開催申し入れ」は、あくまで交渉の開始にすぎず、条約締結のずっと前段階にすぎないのだから、なんら拘束性を持たないというのである。しかし著者は、蔣介石の「支那は講和交渉の一つの基礎として日本の要求を受諾する」という言葉を、当時としては「ポツダム宣言」の受諾に等しいとの見解をとっている。

だがここに、全く、想像に絶する事件が起こった。「ポツダム宣言を受諾する」といったところが、そのとたんに九十九里《くじゅうくり》浜に米軍の大軍が上陸して東京になだれ込んだといった事件である。一体全体これを、どう解釈すれば良いのであろうか。

この最も不思議な点については、今回の「田中訪中」の前に、日本の新聞・雑誌その他がもう十分に論じつくしていると思っていたのだが。……まあ、参考までに私見をのべておきたい。この驚くべき背信行為の複雑怪奇さは到底《とうてい》「独ソ不可侵条約」の比ではない。「独ソ不可侵条約」を複雑怪奇というなら〈注1－8〉、これは一体何と表現したら良いのであろうか。狂気であろうか。

さまざまな解釈は、すべて私に納得できない。十二月八日に日本は中国が日本の提案を受諾したことを確認した。しかし日本側は軍事行動を止めない。それのみか十二月十日、南京城総攻撃を開始した。なぜか？

通常こういう場合の解釈は二つしかない。一つは、日本政府が何らかの必要から、中国政府をも、トラウトマン大使をも欺《あざむ》いたという解釈である。これは大体、当時の世界の印象で、これがいわゆる「南京事件報道」の心理的背景であり、また確かにそういう印象を受けても不思議ではない（というのは、ほかに解釈の方法がないから）が、どう考えてもこの解釈は成り立たないのである。

もし「欺かねばならぬ側」があるとすれば、それはむしろ中国政府で、「日本の提案を受諾します」と言って相手の進撃をとどめ、その間に軍の再建整備を計った上で、相手に反対提案をし、それを受けつけねば反撃に出る、というのなら、これも一応理解はできる。

日本側が欺いたとすると、昭和十年十月七日の三提案がすでに詐術であり、トラウトマン和平工作なるものも、実は、何らかの隠された目的のための詐術だということになり、トラウトマンもナチス・ドイツ政府も、日本政府に踊らされていた、ということになるが、この解釈はあらゆる面から見て無理である。さらにもしそうなら、後から振り返って見れば「なるほど、日本はああいう意図を秘めていたのか」という思い当たる節《ふし》が必ずあるはずなのだが、これが皆無である。


〈注一－8〉一九三九年八月、突然の独ソ不可侵条約締結という事態を受けた、時の首相・平沼騏《ひらぬまき》一郎《いちろう》は、情勢判断不能におちいり、「欧州の天地は複雑怪奇」との声明を発表して辞任した。

結局、当時の世界の、この事件へのやや感情的な結論は「日本人は好戦民族なのだ」ということであった。これに対する日本人の反論は、常に「歴史上、日本人ほど戦争しなかった民族はない、だからそうは言えない」ということであった。しかしこれは反論にならない。

戦争は通常、だれでもある程度は理解できる理由がある。もちろんその理由は「泥棒にも三分の理」に等しい理由で、理由がわかったからといってその行動が是認できるということではないが、少なくとも、理由がわかれば、たとえそれがその場限りの理由にせよ、その理由を除く方法を相互に探究できる。だが理由が全くわからないと「彼らは、戦争が好きだから戦争をやっているのだ」としか考え得なくなるのである。

従ってこれへの反論では、まず南京総攻撃、およびそれ以後の戦闘の理由を説明しなければならない。それができないのならば、「戦争が好きで、これを道楽《ホビー》として、たしなんでいたのだ」という批評は、甘受せねばならない。しかしこういう行為は、通常の意味の「戦争」の概念には入らないと私は思う。

戦前の日本は、「軍国主義」以下

最近は余り聞かれなくなったが、いわゆる日本における「軍国主義復活論」に、私は一種の不審感をもっている。戦前の日本に、はたして軍国主義《ミリタリズム》があったのであろうか。少なくとも軍国主義者は、軍事力しか信じないから、彼我《ひが》の軍事力への冷静な判断と緻密《ちみつ》な計算があるはずである。

確かにナチス・ドイツは、ソビエトの軍事力への判断と計算を誤ったことは、計算がなかったことではない。ある意味ではスターリンもすぐれた軍国主義者であった。「法王は何個師団もっていますか」という彼の言葉は、思想の力を全然信ぜず、軍事力だけを信じていた彼を示している。

日本はどうであったか。中国の軍事力を正確に計算したであろうか。そして正確に計算したつもりで誤算をしたのであろうか。一体、自らが何個師団を動員して、それを何年持ちこたえうると計算していたのであろうか。米・英・中・ソの動員力と、自らの動員力の単純な比較計算すら、やったことがないのではないか。

私の調べた限りでは、こういう計算は、はじめから全く無いのである。否《いな》、南京攻略直後の情勢への見通しすら何一つないのである。否、何のために南京を総攻撃するかという理由すら、だれ一人として、明確に意識していないのである。これが軍国主義《ミリタリズム》といえるであろうか。いえない。それは軍国主義《ミリタリズム》以下だともいいうる何か別のものである。恐ろしいものは、実はこの「何か」なのである。

一体これは何なのか。この場合、日本人が常に口にする言葉は「軍部の横暴」と政府＝軍部間の連絡不備である。しかしこれは理由にならない。

確かに大本営は十二月一日に南京総攻撃の許可を現地軍に与えていた。しかし許可は命令ではない。さらに十二月八日に、広田《ひろた》〔弘毅《こうき》〕外相が中国政府による日本の提案の受諾を天皇に奏上している。奏上は当時の日本では最終的決定である。従って連絡不備のはずがない。第一、両者とも東京にあり電話ですぐ話は通ずるはずである。

さらに軍の横暴というのもおかしい。政府が、中国による提案受諾とこれに基づく停戦を発表したのに、軍がこれを無視して総攻撃したのなら、これは軍の横暴といいうるし世界もそう解釈する。

しかし、日本政府が、中国の提案受諾を受けとってそれを了承しておきながら、総攻撃へと向かう日本軍をそのまま放置しておいたのなら、これは日本政府の中国政府への裏切りであっても、軍部の横暴という言いわけは通らない。これが近衛・広田両氏への責任追及となるわけだが、一体これはどういうことだったのか。

決断を下した者が、実はどこにもいない

この間の実情を最も良く知っていた近衛・広田両氏は、この問題について殆《ほとん》ど何も語らず世を去った。また当時の資料、新聞、その他を徹底的に分析しても、この驚くべき事件の真の原因は、何一つ出てこない。一見原因らしく見えるもの、またこれが原因だと主張しているものも、それを更《さら》に調べれば一種の自己弁護か責任の転嫁にすぎない。この分析の経過は余り長くなるから除くが、「提案を受諾しかつ総攻撃を開始せよ」という最も重大でかつ日本の運命を決定した決断を下した者は、実は、どこにもいないという驚くべき事実に逢着《ほうちゃく》するのである。

そしてその内容は、実は「市民感情が条約に優先した」のであった。「市民感情が許さないから、契約は無視された。感情が批准しない条約は無効であった」。従って提案は受諾され総攻撃は開始された。小規模なら、今も同じことが起こっている。そしてこのことを、最も正しく分析したのはおそらく周恩来であった。彼の対日政策は、非常に的確に「まず、感情による批准」へと進められてきた。みごとである〈注一－9〉。

さてここでもう一度同じ意味のことを繰りかえしておかねばならない。戦争の倫理的・道徳的責任を追及しその罪悪を告発することは、戦争の政治的原因と政治的責任とを追及してはならない、ということではない。

わかりやすくいえば、「泥棒は悪い」ということは、泥棒なるものが発生する社会的原因を追究してはならないということではない。泥棒発生の社会的原因を追究するということは、泥棒を弁護することでもなければ、泥棒という行為を是認することでもない。逆であって、泥棒の発生を防ぎ、かつ泥棒を捕《とら》えるために行なっているわけである。

とすると、少なくとも蔣介石による「トラウトマン斡旋案受諾」「広田外相の内奏」までは、一人の人間が泥棒という行為に至った経過、およびその直接的な原因を追究できるように、この戦争、乃至《ないし》は軍事的示威の直接的な原因およびその経過と結果は追究できる。だが、ここですべてはわからなくなる。

南京《ナンキン》陥落を報ずる新聞の狂態ぶり

なぜわからなくなるか。その理由は「日本側の提案を受諾することを、日本側が許さなかった」という考えられぬ図式になるからである。しかもこの提案は、ドイツ政府が、すなわち第三国が、大使の斡旋という形で、仲介者としてまた証人として、一種の保証をしていた提案なのである。従って秘密交渉ではなく、日本は全世界の目の前で、公然と、この世にも不思議な行動をしたわけである。

一体全体日本は何を考え、何を計画し、何を目的としているのか。この不可解さに輪をかけたものが、南京陥落直後に日本の提示した和平案である。

両案を比較すると、実質的には差がないが、驚くべきことに「賠償要求」の一項目が入っている。以後の交渉、宇垣《うがき》〔一成《かずしげ》〕・孔《こう》〔祥熙《しょうき》〕和平折衝、近衛三原則、これらは詳述する必要はあるまい。自らの提案を自ら破棄した者に、交渉の資格はない。

〈注一－9〉 田中首相訪中時の会談一つとっても、外務省の高島益郎《たかしまますお》条約局長が、原則に基づいて論じようとすると、周恩来は高島局長を「法匪《ほうひ》」呼ばわりまでして「法律論でやろうというのは間違い」と非難した。〝大事なのは心情・大義〟との空気づくりをしたわけである。この方法が成功したことは、田中首相が帰国記者会見で問題点を突かれたとき、「そこまで考えると、法匪と言われているように、すべてがピシーッと合っていないと気がすまんような……世の中はそんなものじゃないですよ」と、つまり原則と〝合っていなくともかまわない〟旨《むね》答えたことにも表われている。

つづいて一九三九年五月十二日のノモンハンにおける日本軍の敗退、日本の対ソ軍事力を見限ったナチス・ドイツの、八月二十三日の独ソ不可侵条約調印と事態は進んで行く。だが当時の新聞その他を見ると、日本人の、こういう事態への批判的分析力は皆無で、ただ感情的反発だけが増していく。

上記の事態へのただ一つの解明点は、実は「感情」なのである。近衛公の手記に「とかく我国《わがくに》の外交論には感情論が多い」という嘆息がある。公は有能な政治家ではないが、相当的確な見通しをもった「評論家」ではあった。ところが「評論家」であるべきはずの新聞が、逆に「感情」の代弁者となった。それは南京陥落を報ずる新聞の狂態ぶりによく表われている。ある新聞は「蔣さんどこへ行く」という嘲笑《ちょうしょう》的見出しをかかげ、また祝賀提灯《ちょうちん》行列の大きな漫画を掲載している。

これらを見ていくと、「トラウトマン斡旋日本案」を蔣介石が受諾することによって南京直前で停戦することは「市民感情が許さなかった」ことが、よくわかる。「一切の条約は市民感情が許さない限り無効である」。従って、政府がどういう契約を結んでいようと、諸機関はそれを無視してかまわない——これが当時、言論機関を含めた全日本人が当然とする考え方であったとしか思えない。そしてこれは今も同じであり、そのことを周恩来はすべて的確に見抜いていたことは、彼の政策で立証されている。

南京事件に関する「虚報」と、事件の本質との関係

最初、日本と中国との戦争に最も深い関心をもっていたのは、実はナチス・ドイツであった。日中共倒《ともだお》れがソビエトの「漁夫の利」であることぐらいは、子供にでもわかることである。そしてそれは必然的にソビエトによる東欧一帯への圧力加重となっていく。

一方「半睡の大国」アメリカは、最初は何ら実質的関心を示さなかった。しかし「竜の髭を引き抜く」のが趣味の日本人は、南京でパネー号撃沈、レディバード号砲撃〈注一－10〉という非常に奇妙な事件を起こした。どこの国の国民でも、自国の軍艦が撃沈されたとなれば、その方へ全国民の注意が集中する。それだけではない、全世界もこれに注目する。集中したとなれば当然、新聞・ラジオはこれの解説をする。

解説するとなれば、日本がなぜ南京を攻撃したかを解説しなければならない。だがこの

〈注一－10〉 一九三七年十二月十二日、日本は南京攻撃のさなか、アメリカ、イギリスが居留民保護のために揚子江《ようすこう》へ派遣した艦船を攻撃し、大損害を与えた。

解説はだれにも出来ない、出来なければ「日本人は天性《てんせい》戦争が好きな好戦民族で、彼らは好きだからやっているのだ」としか言いようがない。

そこへ「南京虐殺《ぎやくさつ》」のニュース〔日本軍の南京入城は十二月十三日〕が入る。一方、これと合わせて日本の新聞の狂態的報道ぶりを見れば、全日本人が血に狂って狂喜しているとしか見えない。

この三つが重なって描き出した像は、余りにもグロテスクであった。戦争中、連合国側が描いた日本人像とは、ほぼこれから生まれた像である。

確かに「南京事件」には虚報が多い。戦時中私がアメリカで調べたものの中にもその例がある。たとえばニュース映画の中に、ぱっと一枚の写真が入る。〝かくしカメラでとった恐るべき虐殺の現場〟と説明がつき、黒こげの屍体《したい》が累々《るいるい》と横たわっている。そしてすぐ消える。このフィルムを拡大して仔細《しさい》に調べてみると、関東大震災のときの被服廠《ひふくしよう》跡の惨状の写真の一部を拡大したものであったりする。

この写真は今でも「証拠」として日本の新聞に載《の》っているかもしれない。これらの「虚報」や虚報を事実だと強弁した記事は、事実を詳細に調査すれば自《おの》ずと明らかになることだが、しかし、たとえ事実が明らかになっても、「南京事件というのは何だあの程度のことだったのか」と言ってはならない。

私が『諸君！』の「本多勝一様《ほんだかついち》への返書」で「虚構を事実と強弁してはならない」といった理由の一つはこれである〈注一－11〉。

氏の「中国の旅」は、典型的な悪《あ》しき意味の黙示文学なのである。黙示文学の精細な描写はすべて、実は虚構なのである。その虚構を事実と強弁し誇大数字を並べて感情に訴《うった》えていくと、逆に、この事件の背後にある真の問題点、何度も言うようだが「ポツダム宣言に等しきものを提示しておいて、相手がそれを受諾すると通告したら、提示した本人がいきなり総攻撃を開始した」というこの問題の「核」ともいうべき事実を逆に隠蔽《いんぺい》してしまうからである。

〈注一－11〉 雑誌『諸君！』に連載中であったベンダサンの「日本教について」に対する反論として、『朝日』紙記者・本多勝一氏が一九七二年二月号に「イザヤ・ベンダサン氏への公開状」を掲載した。それへの再批判として翌三月号に掲載されたのが、「本多勝一様への返書」である。本多氏の「百人斬り競争」記事を批判し、「伝説の中心には『事実の核』こそあっても「伝説自体は事実ではありません」とのべている。

黙示文学から偽《にせ》メシア運動へという図式は、中世にはキリスト教社会にもユダヤ教社会にも常に見られたことだが、こうなってしまうと、もう事実の真相の究明はできなくなる。事実が究明できなければ責任は追及はできない。そしてこの責任を逆に兵士すなわち民衆に転嫁し、民衆の罪だとして謝罪を命じ、命じた「自分の手は汚れていない」と暗に主張する結果になる。

これが偽メシアの常套《じょうとう》手段であって、彼らは常に民衆への責任転嫁を計り、そしてそれによって事件の「核」すなわちその実態を隠し、これによって責任を回避しつつ、しかし自分は民衆の側に立つ救世主《メシア》であるような顔をする。これの例は、歴史には枚挙にいとまがない。

だが日本人ぐらい、いわばこれにだまされやすい民族も少ない――なぜか。感情がすべてにおいて批准権をもち、黙示文学が歴史とされ、そのため簡単に宗教的暗示にかかるからである。

だが「感情」そのものの責任は追及できない。事実、ある人が何かに対して何らかの感情を抱《いだ》いたところで、「感情を抱くこと」自体には何ら責任はない。同時にこのことは、一定の感情を他に強制することも許されないということである。というのは、この感情から行為が生じた場合、その行為はあくまで責任追及の対象たりうるからである。

だがこの場合は「感情」そのものの責任を、行為から論理的に追及することは不可能だから、ここに「純粋人の行動は責任を追及されない」という考え方が生まれ、また、いわゆる「天皇制無責任体制」という形も出てくるのである。だが、この問題は三百年前までさかのぼらねばならないので、別の機会に譲ろう。

北京《ペキン》ロビーと台湾ロビーの共通点

日支事変を日中戦争というのが、最近の例のように思う。しかし私は、少なくとも南京攻略以後の状態は「戦争」という概念で律しうるとは思わない。いわば戦争以下ともいうべき行動であるから、やはり「事変」が正しいと思う。

そしてその事変の終わりはまことに、始まった通りであった。「すべては始めた如くに終わる」のであろう。だがその細部は詳述する必要はあるまい。

いわゆる「台湾ロビー」といわれた人びとの主張は、一言にしていえば「蔣介石恩義論」である。しかしこれは実に奇妙な議論であって、もしこの議論を極端に推《お》し進めるなら、恩義という感情の裏付けのない条約は破棄してよいことになる。これは一種の「感情批准論」であり、恩義という感情が条約に優先しているわけである。条約の遵守《じゅんしゅ》、または破棄・空文《くうぶん》化という問題は、恩義には関係はない。これに対抗して「北京ロビー」が展開した贖罪《しょくざい》論も、いわば一種の「感情批准論」で、こちらの方は、条約締結の前に、すでに批准がすんでいたわけである。

従って両者とも実は、同じ基礎に立って、同じ主張を別の形で行なっていたわけで、その点では両者とも同じ誤りをおかしているわけである。それは、感情の充足とは実は個人の問題にすぎず、どれだけ多くの個人が集合しようとそれはあくまでも個人で、外国はもちろんのこと、国内の政治的論理の対象にも、実は何の関係もない。

ここで再び、評論家・近衛公の言葉を引けば、「日米開戦は実は国内問題」であった如くに、しかも「英霊に相《あい》すまぬから中国から撤兵は出来ぬ」という東条首相の言葉が示す如く「感情の充足」という問題であったが如くに、すべては始めた如くに終わっているわけであろう。

そして、感情の批准なきがゆえに、自らの提案を自ら破棄して南京に押し寄せた如くに、感情の批准競争に敗れた一九五二年の平和条約は破棄され〈注一-12〉、日本の報道陣は北京へ押し寄せたわけであろう。南京陥落の直後にこのような一文を書けば「純粋人」

が短刀をもってとんで来たであろう。

しかし今、このことを口にしても、とんで来るのは罵声《ばせい》ぐらいのものかもしれぬ。その点では確かに大きな進歩かもしれぬが、しかし、南京事件の背後に、おそらくだれも指摘せず、今ではむしろ隠蔽さえしようとしているかに見える大きな問題があった如くに、今回の「事件」〈注一-13〉の背後にも、大きな問題があるはずである。

それが何であるか、またなぜ常に同じような行き方をするか、「国民は個人そのものの如くに不可解である」とはいえ、一人の生涯が、ある行動の型の繰りかえしであったように見えるときは、まずその人間の生いたちを調べてみることが常識であろう。


〈注一-12〉日本と中華民国（台湾）との間で締結されていた日華平和条約は、田中訪中による日中国交回復と同時に、大平正芳《おおひらまさよし》外相の一片の声明によって破棄された。著者の論旨によれば、「市民感情が許さないから、契約は無視された。感情が批准しない条約は無効であった」ことになる。

〈注一-13〉日華平和条約を一方的に破棄し、日中共同声明を感情から〝批准〟してしまったことをさす。

とするとこの問題の解明にはまず三百年ほど昔にさかのぼらねばならぬわけである。だが最初にのべた通りに、それは次章に譲ることにしよう。

そして現代におけるこの問題の解明なら、おそらく私よりも、周恩来首相の方が適任かもしれぬ。従ってこれ以上の細部はそちらにお聞きいただきたい。彼は歴史から、また、直接間接の過去の苦い経験から的確に学ぶべきことを学んで、これを活用できる——そして、そういう人だけが「不倒翁《ふとうおう》」なのであろう。

すなわち生涯にただの一度も「感情の充足」が行動の目的でなかった人間は彼である。と同時に、その彼によって感情の充足を求めているのが、日本人である。実はこれが、日中交渉史の基本的な型であり、南京事件も今回のことも共に、その表われの一つにすぎないのである。

二章

鎖国時代の中国大ブーム

——家康《いえやす》による日中国交回復と、朱舜水《しゅしゅんすい》が及ぼした影響

日本にはない小噺《こばなし》

最初に小噺を二つ紹介しよう。

「その一」――ある日ベルリンで五、六人のナチス党員が老ユダヤ人を取り囲んで言った。「一体、戦争の元凶はどこのどいつだ」。老ユダヤ人は馬鹿ではなかった。彼は言った。「ユダヤ人だなきっと。それから自転車乗りだ」。ナチス党員はとまどった顔をしてたずねた。「一体、何だって自転車乗りナンだ」。老ユダヤ人は答えた。「じゃ、一体何だってユダヤ人なんだ」。

「その二」――ある異端審問官が、ある男を異端者として民衆の手に渡して、虐殺させてしまった。ところがその男こそ、正真正銘の信徒であることがわかった。すると審問官は民衆に言った。「お前たちは罪なき人を殺した。懺悔《ざんげ》をせよ、悔《く》い改めよ、罪をつぐなえ」と。民衆は流された血を見、これにおののいてひざまずき、罪を告白し、嘆き悲しんだ。

これを見た老ユダヤ人が驚いて審問官に言った。「判決を下したのはあなたではないか。そのあなたが人びとに悔い改めを命ずるとは！　あなたには罪はないのか」。審問官は答えた。「私は神の名《な》（天皇でもよい）のもとに判決を下した。従って私には責任はない。責任は常に神と民にある。だから昔から言うではないか、『民の声は、神の声』と」。

それから民衆の方を向いて言った。「ここに異端者がいる。この者はお前たちの真《しん》摯《し》なる悔い改めを瀆《けが》した。私はこの男をお前たちに渡す」。民衆は、一斉《いっせい》に老ユダヤ人に襲いかかった。


いずれも古い話である。私は日本の小噺や民間伝承が好きで、相当に読んだつもりだが、以上のような小噺は日本にはない。従って、こういう小噺を生み出した世界に何世紀も生きて来た者にとって、日本人の行き方が非常に奇妙に見えることがあるのは当然である。小噺の「その一」が成り立つには、その前提として「その二」がなければならない。そして当然、さらに三も四もあるわけである。

だが、南京事件、さらには中国に対する日本の新聞の態度が非常に「その二」に似ているからといって、それが「その一」を結果するとか、その前提に小噺と同様の三や四があると考えてはならないだろう。

しかし、少なくとも人類は、「その一」や「その二」から脱却すべく努力してきたはずである。たとえば南京事件という問題に接した場合、この事件を起こす「判決」を下した者はだれか、――いわば前章でのべたように「ポツダム宣言を受諾したから総攻撃をする」という決定に等しい決定を下した者はだれか、またそういう「判決」を下したのは、その背後にどういう思想があったからか、を探究することが第一の課題のはずである。

単数か複数かは別として、何者かが、「誤判」をしたはずである。その者を追及せず、「神の名で判決を下したのだから責任は神にある」、「手を下したお前たち兵士＝民衆は懺悔せよ」という者がいたら、その者の背後にこそ真犯人がいるはずである。

もしこのことに気がつかず、言われた通りをその通りと思い込むなら、日本は「中世ヨーロッパ」に逆戻りしたことになるであろう。象徴的にいえば、南京事件にもアイヒマンはいる。その「彼」も今でも主張するであろう、「私は虫一匹殺したことはない。私が知っているのは数だけ、私が口にしたのは『言葉』だけだ」と。その通りかもしれぬ。

しかし「死刑に処す」という誤判を下した者がいたら、その血の責任は誤判を下した者にあるのであって、死刑執行人にあるのではない。またその誤判が「神の名の下に」行なわれようと、「天皇の名の下に」行なわれようと、そのことは、その誤判を下した者の責任を免除しない。と同時に、あらゆる詭弁《きべん》を弄《ろう》してこの誤判を正当化した者の責任も、誤判をさせるべく偽証をした者の責任も、ともに免除されない。

日中関係は、常に「政経分離《せいけいぶんり》」の関係

強制収容所を例にとれば、直接に手を下したのは処刑人、看守、囚人頭《カポーテ》であったろう。しかし彼らも収容所の中にいて、共に規制されていた。従って追及さるべき者は、彼らをも規制し、命令し、実行させていた者と、その者にその決定をなさしめた思想である。象徴的にいえば「アイヒマンとその思想」である。

人が人を殺すというのは、実は「思想が殺す」のであって、武器が殺すのではない。たとえば、日本兵は武器をもっていても、その日本兵が日本兵を殺すことはない。ということは、「日本兵は殺してはならない。中国兵は殺してよい」という思想があるからであって、この思想の有無は武器の有無には関係ない。

『日本教について』で「暴力」を「物理的力」と書くことは誤りだと私は書いたが〈注二ー1〉、これも同じことで、「ある人間は撲《なぐ》ってもよい、いや撲るべきだ」と考えて実行に移すのは、そう考える前提となる一つの思想があるからである。言うまでもないことだが、「無条件降伏した者を総攻撃してよい」という思想は「降伏した捕虜を攻撃して殺してよい」という思想であり、「無条件降伏した者を総攻撃すべきだ」と主張した者は、「捕虜を殺せ」と主張した者なのである。

「南京事件」が報道されたころ、「獣兵は名乗り出よ」という投書が新聞に載った。しかし前記の恐るべき決定をした者、それを支持した者、その決定をさせるべく偽《いつわ》りの証言をした者は名乗り出よ、という投書はなかった。「獣兵」を名乗り出させてこれを糾弾《きゅうだん》するということは、小噺「その二」の、処刑人を民衆の手に渡して八つ裂きにさせるに等しいことであろう。

「判決」を下した者は現われない、その判決の基《もと》となった思想も探究されない。そして、一切の責任は結局は処刑者にのみ転嫁され、民衆にそれを糾弾させ、かつ懺悔を命ずるなら、これは中世への逆戻りであろう。

こういうことは、少なくとも西欧には、過去においていくらでもあった。あったがゆえにそれを諷《ふう》する小噺が生じたわけであり、同時にその状態から脱却すべく、人類は努力してきたはずである。そして多くの人、たとえばフロイトも、フロムも、ライヒも、そういう「決定」をなさしめるものが何かを、それぞれの視点から真剣に追究したはずである——追究の方向の当否は別として。

従って今、「降伏した者を攻撃して殺すべきだ」と主張した者、そう決定した張本人、それを支持した者、それを本気で追究することが、日本人の義務であろう。だがそれは私の義務ではない。

今まず私が追究することは、「審問官は不問に付され、処刑人は糾弾され、民衆は懺悔を命ぜられ、資本家は軍需資本家まで北京に殺到する」というこの行き方が、いかなる思想に基づくかを追究することである。従ってここでは、問題をその面の第一段階に限定し

〈注二－1〉『日本教について』の「日本人の政治的反応度」の章に、この旨の文章がある。日本基督《キリスト》教団出版局刊『教団新報』一九六九年九月二十日号に、「(常議員会〈教団の、いわば理事会〉で、議長が、ある集会での暴行を報告したとき)物理的な力が加えられたことは事実で…中略…とのべた」との記事が載った。こういう表現法に対し、「(日本には)自然災害(天災)を天譴《てんけん》と見るように、人間の暴力をも天誅《てんちゅう》もしくは天譴とする考え方があり、これが暴力を『物理的』(=自然現象的)と表現しても『行為で表わされた言葉(=思想)』とは考え得ない理由の一つ」と、著者は論じている。

ようと思う。

懺悔という行為を宗教的と解《かい》するなら、「民衆は懺悔し、資本家は北京に行く」という状態は、宗教と経済の分離、すなわち一種の「宗経分離《しゅうけい》」というべきであろう。ここで「政経分離」と「宗経分離」という行き方が出て来たわけだが、これは実は徳川家康《とくがわいえやす》の外交政策なのである。彼は対中国「政経分離」、対西欧「宗経分離」を外交政策の基本としたが、こうみてみると、「政経分離」の歴史は実に長く、日中交渉史の最長期間を占めるわけである。

家康という人は、日本の政治家の中で、はじめて明確に「外交」というものを意識した人で、彼の定めた行き方は、その後さまざまに変貌しつつも、結局は「何ごとも権現様《ごんげんさま》のお定《さだ》めの如く」に、現在までつづいているわけである。従ってここで、家康の外交政策を簡単に調べておこう。

秀吉《ひでよし》の朝鮮出兵時における国内の空気

家康の前任者の秀吉は、昭和の軍人同様に、外交という感覚が全くなかった。彼の起こした「朝鮮の役《えき》」は、いわば「小東亜戦争」である。従って三百五十年後（一五九〇年代

↓一九四〇年代〉の日本人同様、国内が破産・混乱状態になりそうになれば、やめてしまった。戦争とは通常「生存」のために戦われるものだが、日本人ではこれが逆になり、常に「生存」のために戦争をやめるのである。この間の事情は新井白石が『藩翰譜』に記している。

文禄《ぶんろく》の初め、朝鮮の事起《ことおこ》る。同二年六月、長政《ながまさ》かの国に渡る。石田《いしだ》、増田《ました》等と相議《あいぎ》し、諸軍勢を率《そつ》して、晋州城《しんしゅうじょう》を攻め落《おと》す。今年の冬、太閤《たいこう》、朝鮮の軍《いくさ》はかばかしからぬを怒つて、徳川殿を初め宗徒《しゅうと》の大名を名護屋《なごや》の陣に集め、「朝鮮の軍《いくさ》、今のやうならんには、いつ事定《さだま》るべしとも思へず。今は秀吉、みづから向《むか》はんと思ふ、三十万の勢を三手に押し分け、利家《としいえ》（前田《まえだ》）、氏郷《うじさと》（蒲生《がもう》）に大将させ、三道より向ひ、朝鮮を打ち破り、まつすぐに大明《たいみん》に攻め入らん。本朝《ほんちょう》の事、家康さてましませば心に懸《かか》る所なし。かたがた如何《いかが》にや思ふ」と仰《おお》せある。徳川殿、御気色《みけしき》損じて、利家、氏郷等に向ひ、「日本の大名多き中に、かたがた二人撰《え》り出《いだ》されて、一方の大将を賜《たま》はらんこと、弓矢《ゆみや》取りての面目《めんぼく》何事かこれに過ぎん。抑《そもそも》、家康、苟《いやしく》も弓馬《きゅうば》の家に生《うま》れ、戦《いくさ》の中に年老《お》いぬ。今この大事に及びて、いかで人々の跡《あと》に留《とどま》まつて、徒《いたず》らに本朝を守り候《そうろ》ひなん。少勢には侍《はべ》るとも、家康も軍勢をひきゐて必ず一方の先陣を承《うけたまわ》るべし。かたがたの御推挙を仰《あお》ぐ所に候《そうろう》」と宣《のたま》ひしに、弾正少弼《だんじょうのしょうひつ》長政、すすみ出《い》で「暫《しばら》く候、徳川殿。殿下この年月の御振舞《おふるま》ひ、昔の御心《みこころ》とや思召《おぼしめ》す。年経《ふ》る狐《きつね》の入り替《かわ》つて候を、何事か宣《のたま》ふべき」と申しもはてぬに、太閤、御佩刀《みはかし》に手を掛けられ「やあ、秀吉が心に狐の入替《いれかわ》つたるいはれ、きつと申せ、申し損じなば、しや首うち落してくれんず」と責懸《せめか》け〳〵仰せけるに、弾正、ちつとも騒がず、「長政等が如《ごと》きは、何百人が首刎《は》ねられんにも、なん条の事か候べき。抑《そもそも》、此年頃《このとしごろ》、よしなき軍《いくさ》起りて、異国のみにあらず本朝にも、父を討《う》たせ、子を打たせ、兄弟を失《うしな》ひ、夫に別れ妻に離れ、歎《なげ》き苦《くるし》むもの、天下に満《み》つ。又《また》それより兵粮《ひょうろう》の転漕《てんそう》、軍勢の賦役《ぶやく》、六十余州が内《うち》、悉《ことごと》くあれ野《の》となる。けふ御発向《ごはつこう》あらんには、五畿七道《ごきしちどう》の間、竊盗《せつとう》、強盗等、蜂《はち》の如くに起りて、やすき心も候まじ。徳川殿いかに思ひ給ふとも、如何《いか》でこれを防ぎて、動きなく御跡《おんあと》を守り玉《たま》ふ事かなふべき。此等《これら》の事を思ひてこそ、先陣とは宣《のたま》ふらめ。されば昔の御心ならんには、かほどの事など御心づきなかるべき。かかる御心の附かせ給ふ事、これただ事《ごと》にあらず。一定《いちじよう》ふる狐の入《いれ》かはつたるには候はずや。賤《いや》しき者の諺《ことわざ》に、人とらんとする鼈《かめ》は、必ず人に取らるるとは、此御事《このおんこと》にて候ぞ」と憚《はばか》る所なく申《もうし》ければ、太閤、「鼯にもせよ、狐にもせよ、おのが主と頼《たのみ》たらん者に、雑言《ぞうげん》をはく条、奇怪《きっかい》なり」と、飛びかからんとし給ふを、利家、氏郷押隔《おしへだ》て、「人々御前《ごぜん》に伺公《しこう》せり。長政が首を刎《はね》られんに、御手《おて》を下さるるまでも候はず。そこ罷《まか》り申せ、弾正」と云《いわ》れて長政は、さらぬ体《てい》にもてなし、人々に色代《しきたい》して己《おの》が陣に帰り、御《お》使《つかい》を待《まつ》て腹《はら》切らんとす。重ねて仰出《おおせいだ》さるる旨《むね》もなく、かかる所に、肥後《ひご》の国に逆徒《ぎゃくと》起こりぬ、と早馬《はやうま》を参らす。

太閤大《おおい》に驚き給ひ、徳川殿に御使《おつかい》あつて、長政具《ぐ》して御参《おまい》りあれ、と仰せらる。やがて長政めしぐせらる。太閤、「肥後の国に逆徒起りぬ。汝《な》が嫡子《ちゃくし》左京大夫《さきょうのたいふ》幸長《よしなが》、追討の使《つかい》たるべし」と仰下《おおせくだ》さる。長政大に悦《よろこ》びぬ。又徳川殿に向ひ、「幸長いまだ年わかし。本多《ほんだ》（中務大輔忠勝《ただかつ》）を副《そえ》て給ふべし」と仰せらる。やがて彼《か》の逆徒、国人《くにびと》等討《うつ》てまゐらす。軍をば出さず。長政、仰せを承《うけ》て肥後国に向ひ、国政を沙汰《さた》す。〈注二－2〉

〔『藩翰譜』第4巻〕

事態はおそらく白石の記した通りであろう。そしてここに記されている物語の背後にある「国民感情」〈注二－3〉は、太平洋戦争中の、そしてまた現代の日本人の「隠された国民感情」と非常に似ているように思われる。

従って徳川自民党政権は、政権をとるとすぐさま秀吉小東亜戦争の「終戦処理」にかかったわけである。そしてその基本方針は、「政経分離」「宗経分離」を基本とする、対外関係における「平和国家」という行き方であった。

確かに彼は、少なくとも当時の国際情勢における日本の位置というものを、今の日本の一部のジャーナリストよりも、正確に把握していたといえる。

彼はまず、日朝修交、日中国交回復を計った。日朝修交は、ほぼ成功し、一六一七年に朝鮮から来聘使《らいへいし》が来た。しかしこの修交は経済的には余り意味がなく、逆に失費が多かったので、のちに白石は両国の国交の実質的中断を建議し、松平定信《まつだいらさだのぶ》のとき、これが実行されて、実質的中断となる〈注二－4〉。面白いことにこの理由はあくまでも経済である。

日中国交回復は、明《みん》末の混乱と清《しん》朝への政権交替から、うまく進捗《しんちょく》せず、江戸時代にはついに国交はなかったが、「唐人《とうじん》」と呼ばれた中国人は常に長崎に来て、貿易を営《いとな》んでいた。従って江戸時代の日中関係は一貫して「政経分離」であった。そして面白いことに、この問題の背後にはやはり台湾があったわけである。

従って日本は、中国に対して、政経分離の積上げ方式などと言っていれば、それは半永久的に、国交回復をする意志もなく必要を感じていないという証拠であり、同時に、経済

〈注二-2〉 大意は以下の通り。「朝鮮で苦戦が続いていたため、秀吉は大名を集め、『はかばかしくないから、前田利家らとともに、自分も出陣する。家康はとどまって日本全体を治めておいてくれ』と語った。家康は『自分も武将なのに』と語ったが、浅野長政《あさのながまさ》（忠臣蔵の浅野長矩《ながのり》の祖先）が進み出て、『太閤殿下（秀吉）の心は、このごろキツネに入れ替わっているのだ』と言い放ったのである。さらに秀吉が怒っても落ち着いたもので、〝国民の厭戦《えんせん》感情からの治安悪化〟などについてのべ、『だから家康は日本を治めきれないと案じ、自分も出陣したいと申し出たではないか』とすら直言したため、刀を手にしている秀吉は飛びかかろうとした。利家らがマアマアと割って入ったので一応ことなきを得たが、長政は陣に帰り、切腹の覚悟をして使いの者を待った。ところが本当に長政の言葉どおり、肥後の国（熊本）で反乱が起きたのである。秀吉は驚いて長政を呼びよせ、長政の長男を追討使に任じた。結局反乱は出陣するまでもなく平定され、長政は、肥後の国の国政を任せられるようになった次第」。

〈注二-3〉 「夫に別れ妻に離れ、歎《なげ》き苦《くるし》むもの天下に満《み》つ」などとあるように、国民の間にひろがる厭戦感情をさす。

的にプラスにならぬとわかれば、修交条約をも実質的に破棄してしまう国であることは、もうとうの昔に証明ずみなのである。

何も昨今のことではない。こういうことは周恩来首相もよく御存知と見える。従ってまず感情操作、次に産業・金融資本家代表の北京招待となるのは当然であろう。

「鎖国」とは、中国との実質的国交回復

いわゆる、「国内安定」「平和外交」「政経分離・宗経分離に基づく経済国家」＝エコノミック・アニマル方式、および「文化国家」という行き方は、一言で言ってしまえば「家康方式」である。家康には積極的に「鎖国」しようという考えはなかった。宗経分離で利益があがるなら、むしろ積極的に修交を求めようとした。

一六〇〇年に、はじめて日本に漂着したオランダ船――これがオランダ来航のはじめだが――の乗組員を顧問にし、九年後にオランダ使節が来たとき、渡りに船とすぐさま、

　おらんだ船、日本え渡海の時、何之《いずれの》浦《うら》に、雖《いえども》レ為二着岸一、不可《べからず》レ有二相違一候《そうろう》、向《こう》後《ご》、守二此旨《このむね》一無二異儀一可被《せらるべし》レ往来一、聊《いささかも》疎《そ》意《い》有《ある》間《ま》敷《じく》候也《なり》、仍如件《よつてくだんのごとし》レ　慶長《けいちょう》十四

年七月二十五日（朱印）ちやくすくるうんへいに〔金地院崇伝《こんちいんすうでん》著『異国日記』より。原物はオランダ・ハーグ市のオランダ国立中央文書館所蔵〕

という朱印状を与えている。「ちやくすくるうんへいけ」は「ジャクス・フルーネウェーヘン」（Jacques Groenewegen）だが、「発音通り」という点では家康の方が正しいように思う。

ついでイギリスが来ると、同じ朱印状を与え、同時にポルトガル、スペインとも通商をしている。面白いことに家康は一切、関税をかけていない。さらに貿易を進展するべく、

〈注二−4〉　大坂の朱子学者・中井竹山《なかいちくざん》（積善《せきぜん》）が、松平定信の諮問に対する回答として著《あら》わした『草茅危言《そうぼうきげん》』の中に、「朝鮮通信使の接待は費用がかかるばかりで益がないから簡素化すべきであり、そのことは先に新井白石も指摘していることだ」という趣旨のことがのべられている。定信は、天明《てんめい》の大飢饉《だいききん》の影響もあり、この献策をさらに進めて、徳川家斉《いえなり》が将軍に襲職《しゅうしょく》（一七八七年）する際の朝鮮通信使来日を拒《こば》んだ。

ルソンとメキシコに国書を送っている。ただし条件は、「宗経分離」であった。従って、一六一二年の切支丹《キリシタン》禁止以後も、貿易だけを目的とするポルトガル、スペインの小商船の来航は許可している。「宗教・文化・思想の交流は一切御免蒙《ごめんこうむ》ります、商売なら致します」というわけだから、これは、エコノミック・アニマル方式という以外にない。

これが一六三九年、家光《いえみつ》のとき、いわゆる「鎖国」となる。鎖国の理由が「宗」であったか「経」であったかは面白い問題だが、少なくとも白石においては「経」であった。というのは、彼は、内心で、切支丹を高く評価していない——ということは、本当に脅威とは考えていないからである。

彼が朝鮮の来聘使《らいへいし》を問題化し、後に実質的断交にもっていったのも、本当の理由は「経」である。また彼が年間貿易量を中国船三十艘《そう》、オランダ船二艘に制限し、これが家斉《いえなり》のとき、さらに強化され、中国船十艘、オランダ船一艘に縮小されたのも、理由は一《いつ》に「経」である。これは家康の自由貿易政策が徐々に保護貿易政策へと変化していったからにすぎない。当時の貿易は生糸の輸入、金銀正貨《せいか》の輸出という形になった。

従って貿易制限は、当然に国内産業＝養蚕・製糸の保護奨励という形になり、これが明治の近代化の大きな原動力となるわけである。近代化に必要な資本財の輸入、そのために生ずる外貨の不足、対外未払の累積、それに基づく外国の干渉という地獄のような悪循環の泥沼から、日本人は、外貨手取率《てどりりつ》百パーセントという絹糸にすがり、まるでクモの糸にすがった犍陀多《けんだた》のように脱出していく。それが徳川時代の貴《とうと》い遺産とは考えもせずに。そしてこの点では、もう一つの輸出品「天皇」でも同じである〈注二―5〉。

ここで「鎖国」という言葉を少し考え直してみよう。この言葉が非常に強烈なので、何か日本が全世界と絶交していたような印象を与えるが、この印象は誤りであろう。実態はむしろ「宗経分離に基づく対西欧実質的断交」「政経分離による対中国実質的国交回復」の時代と見るべきである。

〈注二―5〉 絹糸が徳川時代の歴史的所産であることを日本人が気付いていないのと同様に、「天皇」が、中国人朱舜水《しゆしゆんすい》がもたらした「勤皇思想」の歴史的所産であるという事実を日本人が知らないこと、日本人が総じて歴史的思考をしない（できない）民族であることを指摘している。つまり日本人が「天皇」をまだ「思想史」に組み込めていないというわけである。詳しくは三章を参照のこと。

中国船三十艘、オランダ船二艘という白石の建議は、単に両者の関係が十五対一であったということではない。このことも確かに象徴的だが、それ以上に重要なことは、「宗」を思想と解するならば、対中国は「宗経分離」ではなかったということである。

同時に「政経分離」の修交は、日本の場合は実質的な「国交」と解すべきことは、逆の例の朝鮮を見れば明らかである。儀礼的な国交の有無は、実質には関係がない。従って、日本が西欧への門戸を閉じ、中国へ門戸を開いた状態を「鎖国」と解すべきである。

そして「思想」の輸入先は中国だけとなり、これが国内の安定とあいまって、日本における「民衆のレベル」まで達する「中国化」となり、一種の「中国ブーム」が起こる時代が始まるわけである。もちろんこの場合の「中国化」とは、正確には「擬似《ぎじ》中国化」ではあろう――思想の輸入とは、常にそういったものだからである。

亡命中国人・朱舜水《しゅしゅんすい》と楠木正成《くすのきまさしげ》との関係

この中国化は、もちろん、中国の政情も影響していた。まず明《みん》朝の滅亡と清《しん》朝の創立、その結果生じた、朱舜水〈注二－6〉以下の亡命中国人の所産である。この人びとと、それに影響をうける人びとを一応、「明朝派」と呼んでおこう。日本の歴史で、その影響力が常に相対的に過小評価されているのが、この人びとであると私に思う。この人びとは、満州族王朝という現実の中国を中国と認めなかった人びと、すなわち「中国」がすでに一つの「思想」となっている人びとであった。

朱舜水以下の活動は、確かに「中国思想の宣教師」と言うべきものがあり、当時の知識階級へのその影響力は、切支丹の宣教師の比ではなかったと見るべきである。

同時に一般民衆にもその影響は徐々に浸透し、一七〇〇年代のはじめごろには、室鳩巣《むろきゅう》巣《そう》〔幕府儒官、一六五八―一七三四年〕が抄訳した『六諭衍義《りくゆえんぎ》』〈注二-7〉が習字の手本もかねて、まるで一種の「国定教科書」のように普及するまでになっている。こういう状態は、正規の書籍の輸入・復刻のほかに一種の「中国ものベストセラー」を生じても不思議ではない。そのベストセラーの中で見逃すことの出来ぬものが、鎖国からちょうど半世紀

〈注二-6〉明の滅亡にともない一六五九年に来日した大儒学者。水戸《みと》藩主・徳川光圀《みつくに》の招きでその江戸藩邸に滞在、一六八二年に没す。その後の儒学者に与えた影響は絶大だった。

〈注二-7〉明朝の道徳教育に関する六つの教えである「六諭」を解説した書。室鳩巣がそれを訳して分かりやすく解説したのが『六諭衍義大意』である。

の一六八七年に出版された浅見絅斎《あさみけいさい》（山崎闇斎《やまざきあんさい》門下の儒学者、一六五二―一七一一年）の『靖献遺言《せいけんいげん》』である。

この本の内容を一口で紹介すれば「中国思想の殉教者の殉教記録および遺言集」とでも言うべきものであろう。大体『殉教者列伝』といった本は、世界どこの国でも民衆に非常に強い影響を与えるものである。

ただ浅見絅斎の場合、この本を編集するにあたって、切支丹の殉教者のことが念頭にあったか、そして、彼らの殉教に対抗するという意識があったのかどうか明らかでないが、切支丹転宗者登録制が実施されてからまだ二十三年、諸国高札の立て替えから五年目で、切支丹の殉教への記憶乃至《ないし》内心の賛嘆は、まだ民衆の記憶に鮮《あざ》やかに残っていた時代であったことは事実である。

従ってこの本が、強烈な影響を読者に与えたことは想像できる。収録されているのは屈《くつ》原《げん》『離騒懐沙賦《りそうかいさのふ》』、諸葛亮《しよかつりよう》『出師表《すいしのひよう》』、陶淵明《とうえんめい》『読史述夷斉章《しをよみてのぶいせいのしよう》』、顔真卿《がんしんけい》『移蔡帖《いさいちよう》』、文《ぶん》天祥《てんしよう》『衣帯中賛《いたいちゆうのさん》』、謝枋得《しやぼうとく》『初到建寧賦詩《はじめてけんねいにいたりてふするし》』、劉因《りゆういん》『燕歌行《えんかこう》』、方孝孺《ほうこうじゆ》『絶命辞《ぜつめいのじ》』だが、その一つ一つを私が解説する必要はあるまい。

ただ非常に面白いことは、これには日本人が一人も登場しないことと、この「中国思想の殉教者の殉教記録および遺言集」が、実は勤皇思想であり、竹内式部《たけうちしきぶ》の勤皇運動〔三章で詳述〕は、この書が原動力だといわれることである。後述するが勤皇思想というのは、実は輸入品であり、その思想の産物である天皇も、かつての絹同様に、実は輸入品なのである。

この関係を象徴的に示しているのが、朱舜水と大楠公《だいなんこう》〔南朝の武将、楠木正成《くすのきまさしげ》〕の関係である。楠公といえば光圀の湊川《みなとがわ》の碑〈注二－8〉、その碑の裏面の文が朱舜水の作、一六九二年建碑ということになるが、朱舜水がこの一文を書いたのは建碑より二十年以上も昔のことである。

すなわち一六六五年、舜水が水戸藩に招聘《しょうへい》されたとき、加賀《かが》藩主前田綱紀《まえだつなのり》は侍臣五十川剛伯《いそがわごうはく》を派遣して学ばせ、同時に楠公に関する資料を提供して賛を求めたといわれる〈注二－9〉。この賛が後に碑の裏面に転用されたと思われるが、大体この一六六〇年から一六九〇年までは、実に、中国ブームすなわち楠公ブームであったらしく、朱舜水や前述の浅

〈注二－8〉　一六九二年、水戸藩主・徳川光圀が正成を偲《しの》び、その討死《うちじに》の地、湊川〔現在の神戸市〕に墓碑を建て「嗚呼《ああ》忠臣楠子《なんし》之墓」と銘《めい》を刻《きざ》んだ。

見絅斎はもちろんのこと、あらゆる人間が楠公について書いているといって過言ではない。これを収録すれば、膨大《ぼうだい》な量になるであろう。

もちろん「中国人が立派だと言ったから立派だ」といったような雷同派もいたであろうし、またこういった「世論」が湊川建碑となったわけであろうが、何といっても最大の理由は楠木正成が、前述の浅見絅斎の『靖献遺言』に記されている中国人と肩を並べうるかもしれぬ唯一の例外的日本人と見られたからであろう。

だがこうなると、朱舜水や浅見絅斎が描く「大楠公」という像は、実在の河内《かわち》の土豪楠木正成とは別の、『靖献遺言』型の「中国思想の殉教者」に変わってしまうわけである。ということは中国からの輸入品だということであって、そしてその像は前に引用した白石の『藩翰譜』に記された人物像とは、全く別種の人間になるのである。

輸入中国思想でつくり上げられた「楠公《なんこう》」像

この点で面白いのは、前述の五十川剛伯が主君の依頼で、その師・朱舜水に求めた「楠公父子訣別」の図賛である。画布も絵具も確かに日本製で、描かれている絵は日本人で、それを提供したのも日本人だが、賛によってこの図に「思想」を与え、この図が生まれる前に、この図を描かせる「思想」を提供したのは中国人朱舜水なのである。ということは、もし信長《のぶなが》や秀吉が「楠公図」を描かせたら、有能な武将としての彼の奮戦図を描かせても、「父子訣別」の図などは描かせないからである。

従ってこの図は『靖献遺言』の八人の中国人につづく第九人目の人として、楠木正成という実在の人物を基《もと》として創作された「大楠公」という別の一人格が、輸入中国思想に基づいて描《びょうしゅつ》出されている、と見るべきであろう。

というのは、第八番目の方孝孺『絶命辞』と、この「楠公父子訣別図」とは、非常に容易にそのイメージが重なってしまうからである――すなわち方孝孺は正統の明《みん》の王朝の建《けん》文帝《ぶんてい》の侍臣であった。これは南朝に相当しよう。ところが帝の叔父が位《くらい》を奪った。これは北朝に相当しよう。彼はこの簒奪《さんだつ》者から仕えるよう勧《すす》められ、あるいは利益で誘われ、あるいは脅迫されたが、何としても屈しなかった。簒奪者は怒ってその一族の全員を捕《とら》え七日にわたってこれを虐殺しつづけた。しかしこの間方孝孺は、息が絶えるまで簒奪者を罵《ば》

〈注二－9〉 綱紀は一六七〇年、絵師の狩野探幽《かのうたんゆう》に楠木正成父子の桜井《さくらい》訣別の図を描かせ、朱舜水に、その忠烈を讃《たた》える賛を書いてもらった。

倒《とう》しつづけた。
『絶命辞』は捕えられて行くとき、自らの決意を示した言葉である。従ってこの物語の後に、一族とともに死を決して湊川に行く楠公のその子への「訣別辞」が来ても不思議ではない。従って、中国ブーム、楠公ブーム、湊川建碑という進み方は、当時の状態から考えて当然の帰結といえよう。「墓」を建てるということは、一つの思想の結果だからである。

なぜ、黄門《こうもん》批判が許されないのか

ところがひとたび墓が出来ると、日本人は、ほぼ完全に朱舜水を抹殺してしまうのである。いわゆる「黄門伝説」は日本の伝説の中で最も面白いものの一つなので、『日本人とユダヤ人』でも言及したが、あらゆる「黄門伝説」は、この建碑を「御隠居」と「民衆」の合作に改変している。黄門は農家の御隠居に変装している。

いわばあらゆる「権力」から離れ、自分の家族を支配する権力さえもたぬ一人間が血縁と思想に基づく一種の「権威」をもって行動し、「権力」を象徴する悪代官や悪奉行やらを次々に摘発していき、最後に民衆との合作で「楠公建碑」を行なうという、どの伝説にもほぼ共通した筋書きは、「天皇思想」の、形を変えた一つの民衆的表現、いわば「講談史観」ともいうべきものである。

そして同思想のこういった形の表現は、日本では常に見られるのである。たとえば、先ごろ私は日本人の書いた『イエス・キリスト伝』を読んだが、そこに描かれたイエス像はまさに「水戸黄門」なのである。すなわち彼は一切の「権力」をもたず、神の子という一種の血縁的思想的「権威」に基づいて「権力」に対抗する「民衆」の味方で、その物語は「十字架」「復活」という一種の建碑で終わっている。これは天皇思想のキリスト教的表現であろう。

この図式、いわば「権威」＋「民衆」対「権力」という図式を、日本人はあらゆる対象にあてはめる。「毛沢東《もうたくとう》」＋「民衆」対「実権派」もしくは「林彪《りんぴょう》」という図式もその一つ、ヴェトナム戦争の見方もまたその変形であって、天皇思想に基づく「講談史観」は、この図式以外で対象を見ることを許さないから、日本ではキリストも毛沢東も水戸黄門になってしまうわけである。

この天皇思想の民衆的表現すなわち水戸黄門「講談史観」を信奉して自らそれを演じているのが日本の新聞で、新聞＝社会の木鐸《ぼくたく》という「権威」＋「民衆」対「権力」という図式の中に自らを置いているわけである。

すなわち新聞は、民衆の側に立って権力および権力の手先である悪代官や悪奉行を地球的規模で摘発している「大黄門」ということになる。しかし前述のように「黄門伝説」は天皇思想の民衆的表現だから、黄門を批判することは絶対に許されない。

黄門を批判すればそれはとんでもない異端者であり、その権威は絶対であって「水戸の光圀《みつくに》じゃ」と言われれば、「ハハー」といって平伏《へいふく》しなければならぬし、黙ってお手討《てうち》にされねばならない。

新聞黄門ももちろん同じで、この黄門は南京事件でも日支事変でも大活躍するが、これらの批判はもちろん許されず、また講談史観すなわち「権威」＋「民衆」対「権力」という図式で対象を見ない者は、当時も今も異端として糾弾されるわけである。

従って「楠公父子訣別図」も宮城《きゆうじよう》〔皇居〕前の「大楠公像」も、楠木正成という素材は日本産だというのなら、まさに日中合作の作品だが、そこに描かれている像《イメージ》は中国産だなどといえば、朱舜水を消して黄門伝説の信奉者、講談史観を自ら演ずる「権威」＋「民衆」は右でも左でも激怒するであろう。

この点にも実験的に触れてみたのが『日本教について』に収録されている「本多勝一様への返書」〔一章47ページ〈注一－11〉を参照〕だが、この天皇思想的「水戸黄門像」的見方に否定的に触れられると、現代の「黄門」がいかに反発・激怒するかが明示されていると思う〈注二‐10〉。

「権威」＋「民衆」対「権力」という講談史観は今も絶対なのである。これでは朱舜水が、左右両翼から消されてしまうのも当然であろう。

しかし探究すべきものは、一見、相反する立場にあるように見える者が、共に触れまいとし、また無意識に隠そうとするその点にあるはずである。フロイトもマルクスも、常にそういう点に目を向けていたはずである。

〈注二‐10〉「本多勝一様への返書」で、著者が「カツイチチャンというかわいらしい三歳児」とか、「『集団的総懺悔《ざんげ》』の象徴に即位しておられる本多小天皇」などと、本多氏をからかったところ、本多氏は『殺す側の論理』という著作において、「天皇制擁護に汲々《きゅうきゅう》とする右翼文化人の代表ベンダサン」などという表現で猛反発した。つまり、「現代の〝黄門〟を実験的に批判してみたところ、案の定、反発・激怒してきた」というわけである。

自国の過去の歴史を抹消する思想

話は横道にそれたが、以上のことが、なぜ『靖献遺言』が勤皇思想となりえたかを説明していると思う。すなわちこの書の附録もしくは補遺《ほい》にすぎなかった「大楠公」という輪入像が、その素材が日本人であるが故に残り、本文の八人の中国人を逆に消していく。するとこの「大楠公」が、日本独特の忠臣で、異国には存在しえないものとされていくのである。

しかし、さすがの日本人も、自国の歴史の中に『靖献遺言』的人物を八人も創作することは、相当無理をして候補者を探しても、不可能であった。元来《がんらい》それが当然なのである。藤原《ふじわら》氏であれ、平《へい》氏であれ、鎌倉幕府であれ、足利《あしかが》氏であれ、天皇家に対して、方孝孺の皇帝に対するような態度はとっていないのであって、その態度から判断する限り、彼らに「天皇という思想」があったとは思えない。たとえ楠木正成が例外的人物であったことは承認できても（これさえ私には疑問だが）、少なくとも楠木一族の行き方の基本は、方孝孺一族の行き方と全く違うことは、記録が示している。

もちろん後代《こうだい》が、正成の墓を建てようと、尊氏《たかうじ》の像を三条河原《さんじょうがわら》にさらそうと、そういう評価は後代の勝手であって、彼らはそれに関係なく、その時代の常識に従って生きていただけである。従って中国輸入の思想を基準に、彼らを賞揚したり断罪したり再評価したりすること自体に無理があるわけで、もしこれを厳密にやれば、過去の歴史上の人物は二、三の例外を除いて全員が「不忠者」になってしまい、日本の歴史そのものが「誤り」になり、自分たちが歩んで来た歴史のすべてを基本的に否定しなければならぬはずである。

面白いことに、日本人は、これをやったのである。そしてそれ以後は、絶えずそれを繰りかえすのである。戦前の日本で何より奇妙なのは「世界に冠《かん》たる歴史」という考えと、「摂関《せつかん》政治は誤り、武家政治は誤り」という考え方、簡単に言えば、「自国の歴史はすべて誤り」であったという考え方とが、併存していたことである。極端にいえば、日本人は、その歴史時代のほぼ全期間を通じて、ほぼ全員が誤りをおかしつづけて来た、という考え方である。

この考え方、「自国の歴史はすべて誤り」という前提で過去を見る見方は、さまざまに形を変えながら、前記のように絶えず繰りかえされ、今では日本人の無意識の前提となっている。これはいわば「天皇制史観」とでもいうべきものであろう。

勤皇思想は、いかにして誕生したか

以上は、中国ブーム→大楠公ブーム→自国史の断罪への過程のエピソードを摘記《てっき》したにすぎないが、これに似たことは、人類の歴史において、特別に珍しいことではない。輸入した宗教や思想に基づいて、それ以前の自国史を断罪し抹殺することは、キリスト教改宗期のヨーロッパでも起こっている。従って完全に否定し切って、記録を改変し、記念物を破壊し、彫像の顔まではぎとってしまったのなら、これも珍しくないし、今でも行なわれている。

ただ日本の場合、これが非常に面白い形をとった。原因は、徳川期以前の中国思想の徐々なる浸透によるのであろうが、この浸透が、歴史のどこかで具体的な事実に結実していなければ、おそらく、日本独特の型は生まれなかったであろう。

その結実とは「中国皇帝化」を目指した後醍醐《ごだいご》天皇である。当時を記述したさまざまな本に現われる「天下はことごとく賊《ぞく》軍になった」という記述は、いわば「全日本人が誤りをおかした」という記述だが、この記述を逆に読めば、少なくとも当時の日本人の常識では「全日本人が正しく、後醍醐天皇だけが誤りをおかした」ことに他ならないのである。

さまざまな利害に動かされながらも、全日本人は彼に対して、まるで「移植された心臓」に対する人体の如くに拒否反応を起こし、結果的にはこれを体外に排除してしまったことが、これを物語っている。吉野《よしの》朝廷は簡単にいえば「国内亡命政権」になっていき、実質的には北朝に降伏する。

もちろん世界の歴史において、同じようなことを行なった支配者は少なくない。しかしこの場合の後代の常識的評価は、常にそれを「妄想にかられて無用の混乱を捲《ま》き起こした暗愚な支配者」とすることになるわけだが、しかし輸入の中国思想をもって過去を断罪するなら、「天下はことごとく賊軍」＝「全日本人はことごとく誤りをおかし」、中国皇帝化を目指した彼だけが正しいことになってしまう。そうなれば、南朝は正統で、正成は文天《ぶんてん》祥《しょう》か方孝孺《ほうこうじゅ》の位置にあり、この誤りに対して全日本人には「一億総懺悔《ざんげ》」が要請され、この誤りをつぐなうため、何かをしなければならぬことになるはずである。

こうなると、ここに、輸入中国思想↓『靖献遺言《せいけんいげん》』その他↓その附録および媒体としての日中合作の「大楠公」↓中国皇帝化↓天皇の正統化↓それ以外の全日本人への断罪↓一億総懺悔と正統化運動、同時に朱舜水の抹殺↓勤皇思想と勤皇思想運動、という図式が成り立つ。従って「中国思想の殉教者の殉教記録および遺言集」ともいうべき『靖献遺言』が、「勤皇の書」になりうるわけである。

この勤皇思想と勤皇思想運動は、日本人がその歴史において、民衆まで捲《ま》き込んで、ほぼ全国的な規模で展開した唯一の思想運動であり、また、一つの具体的成果を結実させた唯一の思想運動である。従ってこの「思想運動」を抜きにした日本史は、すべて虚構にすぎない。

と同時に人類の歴史において、これくらい興味深い思想運動もまた珍しいといわねばならない。そして一つの思想が自らの過去を再構成し、自国の歴史を断罪し、その贖罪《しよくざい》として山城《やましろ》〔現在の京都〕の一《いち》小領主にすぎない天皇家を中国型皇帝の帝位へと恐るべきエネルギーで押し上げていくその過程〈注二－11〉は、まさにドラマである。

そして一つの思想が国家を作ったという点で、日本国と共産主義国とは非常に似た点があり、これが時には共産国への無条件の親愛感にもなるし、近親憎悪にもなるわけであろう。と同時に、前述のように日本人はまだこの思想に生きているのである。

従って、さまざまに形を変える天皇思想を「思想史に組み込む」ことができない。「思想は思想史に組み込まれたときに死ぬ」。思想史に組み込むことは、組み込む者が別の思想に生きていない限り不可能だからである。日本人はそうでないから今もなお「天皇思想」を一つの思想として平静に取り上げることが出来ないのである。

従って異端審問官は存在しうる。というのは「思想史」に組み込まれたときに、その思想の異端審問官も消滅するはずだからである。これが、この思想を思想史に組み込もうとする者には、異端審問官は常に、発作的ともいえる反発を起こすわけである。「小噺その二」はそのことをも諷《ふう》している。

世紀の謎ともいえる「南京総攻撃」や「日中講和」の奥にある「感情」、またそれとうらはらの関係にある「家康方式」〈注二－12〉、この二つを解く鍵は、前記の思想にしかな

〈注二－11〉「勤皇思想」の「天皇」が日本で生じるのは朱舜水以降である。それ以前の天皇は、形式的官位授与権を持つ山城の一小領主にすぎないと言える。「ベンダサン氏の日本歴史」（一九七四年一月から雑誌『諸君！』に二十二回にわたり連載）によれば、著者は天皇制を後醍醐天皇までの「前期天皇制」と、北朝以降の「後期天皇制」とに分け、「後期天皇制」とは武家が武家のためにつくったものとしている。つまり幕府（武家）を征夷大将軍に任命させるために、天皇を形式的官位授与権を持つ「山城の一小領主」（北朝）に封じ込めて、幕府を合法政権とするためのものと捉えている。しかし、朱舜水以降、日本こそ中国であり、天皇は中国的皇帝の帝位にあるべきであるという勤皇思想運動がわき起こり、天皇像をまた転換させていったとするのが、著者の考えである。

いと思われる。なぜなら人間を行動させるものは思想だからである。

従って次に、この思想の跡をたどらねばならぬわけだが、その前に、もう一組の別の人びとに言及せねばならない。今までのべて来たのは前述のように「明朝派日本人」だが、これに対立するものとして「清朝派日本人」もおり、この両者が不思議に作用し合うからである。

〈注二－12〉 政経分離・宗経（宗教と経済）分離が可能ならば、中国などにも門戸を開き、修交を求める方式。

三章

尊皇思想の誕生

——なぜ京都町奉行は、竹内《たけうち》式部《しきぶ》に慴伏《しょうふく》したのか

勤皇の魁《さきがけ》、竹内式部

「土下座外交」などという言葉があったが、土下座は今に始まったことではないから、そう目くじらを立てることはあるまい。中国に土下座するのと、天皇に土下座するのとは、実は同じことなのである。この関係を非常によく示しているのが、勤皇の魁、竹内式部〔一七一二─六七年、国学者・神道家〕である。そして、この竹内式部京都追放事件〈注三─1〉というのが、調べてみると、少々こっけいな一面さえ感じさせる奇妙な事件なのである。

彼は新潟の医師の子、いわば一介の市井《しせい》の人だが、京都に出て儒学と神道を学び、系統的にいえば、山崎闇斎《やまざきあんさい》〔一六一八─八二年〕の孫弟子《まご》にあたる。そして塾を開いた。といっても今の言葉でいえば「読書会」「学習会」程度であり、弟子は公家《くげ》の若者たちであった。

そしてそのテキストの中に前述のベストセラー、中国人語録兼言行録ともいうべき『靖《せい》献遺言《けんいげん》』が入っていた。もっとも『日本書紀』も『保建大記《ほけんだいき》』〔水戸学の代表的学者、栗山《くりやま》潜鋒《せんぽう》の主著〕も入っていたが、これらはいずれにしても刺激的要素の乏《とぼ》しい本である。従ってこの方は大した直接的影響はないのだが、『靖献遺言』のような一種の殉教者列伝というものは、非常に直截的《ちょくせつ》な刺激を与えるものである。今でも「何々に学べ」式の殉教記録ともいうべきものは、一種の煽動《せんどう》文書として広く活用されているのを見ても、これの効果は明らかである。

式部の弟子は、前述のように公家の若者たちだが、青年がこういう書に接すれば結果は明らかで、たちまちそこに「ゼンガクレン」的なムードが盛り上がり、いわば「公家連」ともいうべきものが出来て、明けても暮れても、大議論に熱中するという有様《ありさま》になってしまった。

するとその中に、まずは予定通りに「過激派グループ」が生まれ、軍事優先の「軍学グループ」がそれから生まれ、そこから超過激派が生まれて、「鉄砲から政権が生まれる」とばかりに、弓よ馬術よ、剣術よ、と熱中し出し、ついには禁中《きんちゅう》で剣術の立合いをするほどにエスカレートしてしまった。

こうなると「大学の自治」ならぬ「朝廷の自治」に汲々《きゅうきゅう》たる上層部は心配でたまらな

〈注三－1〉宝暦《ほうれき》九年（一七五九年）、その勤皇思想が危険思想と告発された式部が、重追放に処された事件。

い。所司代《しょしだい》〔幕府の京都所司代〕が禁中に機動隊でも入れるような事態になったら天下騒然としてくるし、自分の責任問題にもなるし、朝廷の自治を侵《おか》されるのは由々《ゆゆ》しき大問題になるから、早々に処置してしまおうと考えた。そこで関白一条道香《いちじょうみちか》は内々に竹内式部のことを調べた上、秘《ひそ》かにこれを所司代に告発した。

さて、ここで忘れてはならないことは、尊皇の魁《さきがけ》竹内式部を告発したのは、朝廷であって幕府ではないという歴然たる事実である。もちろん後代は「君側《くんそく》の奸《かん》」という日本人独特の論理を展開する。この「君側の奸」という論理は、日本教の重要な「考え方の型」の一つだが、これはむしろ他で取り上げるべき問題と思うので、一応ここでは除いておく。

しかしいずれにしろ、機関決定として式部を告発したのは、朝廷であって幕府でないことは、あくまでも事実である。すなわち前章でのべたように、尊皇思想とか勤皇思想とかいわれる思想が、山城《やましろ》の小領主である天皇家を、皇帝の帝位に押し上げていく〔二章85ページ〈注二‐11〉を参照〕のであって、天皇個人の意志はこれに介入する余地がない、という事実がまずその発端に現われる。

そしてその口火を切ったとも言えるものが、町医の子という全くの権力なき一個人、今の言葉でいえば「ただの市民」にすぎないのである。

ところが、告発をうけとった所司代松平輝高《まつだいらてるたか》にしてみれば、たかが一介の「ただの市民」の「学習会」を所司代が取り調べるなどということは、まことにばかばかしい話なのである。そこで、自分が乗り出すまでもあるまいと考え、京都の町奉行に、「ま、一応取り調べだけはしておけ」と命じておいた。いわば所轄の警察署に一応は調べさせたということであろう。

町奉行も一応は調べたものの、『日本書紀』にしろ『保建大記』にしろ『靖献遺言』にしろ、別に禁書ではないし、明白な罪跡があるわけでなし、何という問題もありそうもないので、そのまま釈放した。一七五六年のことである。

決断所における市井《しせい》の人・竹内式部の立場

さてそうなると、例によって例の如く、お家騒動が起こる。その経過は一切はぶくが、簡単に言えば、現在の日本で起こる内部的騒動、たとえば学内騒動ときわめてよく似ているものであったろう。

問題の元兇《げんきょう》を警察に通報したが警察が取りあわない。すると「公家連」は、何やらわけのわからぬスローガンをかかげて、ますます暴れる。それに便乗して、警察通報の責任糾弾をする者もあれば、これを派閥争いに利用する者、地位獲得や反対派追い落としに利用する者等々が現われ、それが全員「大義名分」をかかげてやるから、後でその経過を追ってみても、さっぱりわからない。この分析だけは、全く私の手におえない。

いずれにしろ結局は「正常化運動」派の勝利になって、一条道香にかわって関白になった近衛内前《このえうちさき》が、「公家連」一派を全員処分してしまった。

だが「公家連」はそれでよいとしても、火元である竹内式部は朝廷の人間ではないから、これは処分できない。これにこまった近衛内前は、どうか式部を京都から追放してほしいと、またまた所司代に頼み込んだ。

こうなってみると、後代の再構成や美化、「君側の奸」という遁辞《とんじ》の論理を取り除いてみると、尊皇思想や勤皇運動に最も困惑し、極力これを弾圧しようとしているのが、実は幕府でなく朝廷であることがわかるとともに、これが純然たる一民間人の思想運動から展開して行った過程もよくわかる。

所司代にしてみれば、こううるさく頼み込まれては、何とかしなければならない。そこでまた京都町奉行に命じて式部を取り調べさせた。

このときただ一人、決断所に立った式部の位置は非常に興味深い。彼は全くの孤立無援の人であった。山崎闇斎の孫弟子とはいえ、闇斎自身が一介の民間人にすぎず、しかも彼は、彼の直接の師である松岡仲良《まつおかちゆうりよう》とは意見を異《こと》にして破門されている。そして朝廷からは逆に告発されている。幕府はもちろん彼に好意をもっているわけでなく、不問に付することはあっても庇護《ひご》することはありえない。あらゆる権力に見捨てられ、しかも彼自身は、当時の社会においては何の権利も認められないに等しい一介の町医の子である。従って彼の身を守るものがあるとすれば、それはただ一つ、だれも手を触れえない一つの「思想」の権威だけであった。

式部に慴伏《しょうふく》した京都町奉行

町奉行の尋問の細かい部分は除く。要約すれば、いかなる誘導尋問を試《こころ》みても、結局は、彼を罪人として追放することはできないことが、明白になってくるだけである。奉行が適用しようとしたのは、今でいえば「騒擾罪《そうじょう》」であろう。

そこで最後の切札を出して「お前は、徳川政権はもう危《あや》ういと言って人びとを煽動しているであろう。諸侯の一人が政令を出すようなことをすれば、その者は十代目で滅亡するであろうというようなことを言ったはずだ。徳川家は確かに諸侯の一人、しかも今の将軍は十代目である。従ってこれは明らかに煽動であり、騒擾罪を適用さるべきものであるが、お前は本当にそういうことを言ったのか」とただした。

これに対する式部の返事は非常に面白い。彼は「私は今まで、論語は講じたけれども、徳川政権のことを云々《うんぬん》したことは一度もない。しかし今ここで、今までだれにも言わなかった自分の心底の考えをはっきり言おう。自分は実はそう考えているのだ」と言い放った。

奉行は非常に驚いて絶句する。式部はすかさず言葉をつづけた。「なぜそう考えるかと言えば、聖人の言葉に『天下有道則礼楽征伐自天子出、天下無道則礼楽征伐自諸侯出、自諸侯出蓋十世希不失矣』〈注三-2〉とあるからだ。今は礼楽征伐《れいがくせいばつ》が諸侯の一人である徳川家から出ている。従って十代目には危い。聖人が危いと言ったから危いと言ったのである。ただそれだけである」と言った。

それからさらに二、三問答があったが、結局、町奉行は彼に慴伏してしまった。そして言いわけがましく、「いや自分とて好んでこんなことをしているのではない。実は関白が何とかお前を京都から追放してくれと、うるさく所司代に頼み込むので、われわれ下っ端《したぱ》は、役目上こうせざるを得ないのだ。お前はひどい災難に遭《あ》ったようなものだ」と、逆に式部にその内情を何もかも自白してしまった。これではどちらが裁《さば》かれているのか、よくわからない。

結局、式部は京都から追放される。しかしその罪状は、奉行の自白を裏書きしているにすぎない。すなわち㈠神書を講ずると称して『靖献遺言』などをも講じたこと、㈡公家の青年と酒を飲んだこと、の二つである。

㈠は全く理由にならない。彼は堂々と儒学を講ずると言明しているからである。㈡はさらに理由にならない。公家の青年と酒を飲んではならないなどという法律は、当時の日本のどこを探しても見当たらない。日本には賭博《とばく》を罪悪視する伝統は確かにあるが、飲酒を

〈注三-2〉『論語』第八巻の第十六・季氏篇《きしへん》に出てくる一節。「天下に正しい秩序があるならば、礼楽（礼儀と音楽）や征伐を行なう資格は天子《てんし》にある。正しい秩序のないときは、その権利を諸侯が握ってしまう。だが、諸侯はこの権利を握っても、第十代まで（つまり、十世まで）失わないでいるケースなど、まことにまれだ」という意味。山本七平著『論語の読み方』でも言及されている。

罪悪視する伝統は皆無ではないまでも、実質的にはない。

幕府・朝廷も手が出せない不思議な権威

一体この事実は何を示すのであろう。第一、後代がいかに詭弁《きべん》を弄《ろう》しようと、彼を告発したのは朝廷すなわち天皇家である。そして告発を受理したのは幕府である。しかし朝廷も幕府も、この全く無力な一介のただの市民を、どうすることもできないのである。

そしてこの際の彼の唯一の武器は「中国」という権威のみであって、もちろん彼を告発した天皇家の権威ではない。そしてこの権威の前には、朝廷も幕府も全く手が出せないのである。ただ誤解してはならない。この際の「中国」とは、日本人の頭の中にある理念としての「中国」であって、当時、現実に中国大陸を支配している大清帝国ではないのである。

話は横道にそれるが、この理念としての「中国」と現実に中国大陸を支配している「中国」との二重映像が、絶えず日本人を躓《つまず》かせるのであって、明治以降の日中交渉史は、実にこの躓きの歴史である。日本人は絶えず「中国に裏切られた」と感ずる。周恩来発言に、今でもそう感じている日本人も多いと思う〈注三-3〉。だがそれは誤りである。

中国大陸を支配している政府は独立国であり、自由自在に振舞《ふるま》う権利を当然もっているのであって、日本人の頭の中にある「中国」という理念を考慮する必要もなければ、この理念に規制される義務もないのである。これが日本人に理解されえないことは国木田独歩《くにきだどっぽ》の『愛弟通信《あいていつうしん》』から現代の新聞記事にまで、常に現われている。しかしこのことは別の機会にゆずり、竹内式部にもどろう。

私は前に「本多勝一様への返書」の中で、伝説を事実と強弁してはならないが、しかし伝説を探っていけば必ずそこに「事実の核」があるのだから、探究すべきものはこの「事実の核」だと書いた〈一章47ページ〈注一－11〉を参照〉。確かに黄門伝説は伝説にすぎず、

〈注三－3〉 日中復交（一九七二年九月二十九日）から二カ月半後の、十二月十四日付ニューヨーク・タイムズ紙は、「日中首脳会談で周恩来は、〝ソ連の侵略的意図に対抗するため、日本軍事力の適切な増強は歓迎。日米安保も結構〟とのべた」旨を報じた。約一カ月後（七三年一月二十日）に、自民党訪中団が周恩来と会見したときも、「日本が完全独立を願って、自衛のための武装力を保持するのは当然」と語った旨を、『週刊現代』二月十二日号は「独占スクープ」した。これらの報道に、それまで親中派を自任していた「安保反対」の革新派は、「裏切られた」と感じた。

講談史観も「黄門新聞」も虚構にすぎないであろう。

しかしそれを探っていけば、そこには、竹内式部という一人の実在の人間につき当たるのである。彼は伝説の黄門以上に全く権力がない。しかしこの全く無権力の市井の「ただの市民」が、「中国人語録」を手にして立てば、天皇家も幕府もこれをどうすることもできず、裁く方が、逆に「土下座」に等しい態度で何もかも自白してしまう、という事態を現出すること、それがこの伝説の「核」というべき事実である。

そして記録に残らずとも、これと同類型の小事件は、それ以前にもそれ以後にも至る所にあったはずであり、それらの集約の民衆的表現が黄門伝説になったと考えるべきであろう。というのは、黄門はこういう人びとの象徴だったからである。

そして民衆的表現は、常に一種の感情的表白《ひようはく》になる。従って、最初にのべたように、この事実が感情的に表白された場合、それが条約よりも法律よりも優先し、従って市民感情がすべてに優先するという形にならざるを得ないわけである。そして政府がそれを無視しえないのは、朝幕ともに竹内式部に手を触れ得ないのと同じであろう。

従って明治以降のあらゆる時代の「市民感情」なるものの背後にある思想を、その感情の代弁者の言葉から探っていくと、必ずつき当たるのが尊皇思想である。そしてそれは当然であって、前章でものべたように、これは無名の民衆クラスから皇族まで捲《ま》きこみ、一大思想運動となり、ついに一つの成果をもたらした日本史上唯一の思想と思想運動だからである。

竹内式部の決断所における態度は、あくまでも「尊《そん》中国」であって「尊皇」ではない。天皇家に告発された「勤皇の魁《さきがけ》」の拠《よ》り所《どころ》は、確かに「尊《そん》中」しかありえないが、しかし実際には彼にとって「尊中」とは「尊皇」なのである。

なぜそうなるか、そして何が故に「尊中」が「尊皇」になり、それが「尊皇攘夷」となり、また一転して「尊中攘米」となるか。これは、少なくとも歴史時代の殆《ほとん》ど全期間を通じて、東アジアの帝王であった中国に隣接した日本という国の、一種の「歴史的宿命」とでも言うべき問題である。

というのは中国大陸に侵入した日本人の掲《かか》げた旗印《はたじるし》は、実は「尊中攘英」で、後に「攘英米」に転化しているにすぎないからである。もちろんこの場合の「中」も、あくまでも日本人の頭の中にある理念としての「中国」なのである。だがここで一応視点を変えて、この問題を、過去における日中関係の一部から検討してみよう。

清朝《しんちょう》政府から明治政府に送られた通告

明治のはじめの日中の政治的接触は、朝鮮問題を介して起こった。当時の清朝政府は、日本に次のような通告を送ってきたという。

朝鮮《ハ》久《ひさシク》隷《れいシ》二中国《ニ》一。而《しこうシテ》政令均《ひとシク》自《みずからラ》理《ス》。其為《そノたルコト》二中国《ノ》所属国一。天下《ノ》所二共《ともニ》知《ル》一。其《ノ》為《ルコト》二自主之国一。亦《また》天下《ノ》所二共知《ル》一。

ただ、ここでお断わりしておかねばならぬことは、本当にこういう通告をしてきたのかどうか、私の手許《てもと》に一次資料がないので断言はできないということである。

これは明治の末期のある歴史家が、「これでは朝鮮は独立国だといっているのか、中国の属国だといっているのか全くわけがわからん。中国人というのはこういう二枚舌を使う民族で、図々《ずうずう》しくも、全く矛盾《むじゅん》する意味の通らない文書を平気で送ってきてわが国を侮辱した」とかんかんに怒って引用している部分からの、いわば孫引《まごび》きだからである〈注三－4〉。しかし、中国の文書にも同じような言葉はあるから、こういう通告をして来たとしても、そのこと自体は不思議ではない。

だがこれは中国人が、当然の事実を当然の事実として、ただそのまま口にしているだけであって、この歴史家氏が憤激しているように、二枚舌でも矛盾でも何でもないのである。何か未知のものに接すると、自分が理解不足なのではないかと考えずに、まず感情的断定が先に立って、一方的にきめつけるという点で、またそのきめつけに何もわからず、多くの人が拍手を送るが故に、それが本にまでなるという点では、日本的性癖は、明治も現代も余り変わらないらしい。

中国の漢字の抽象名詞は、いわば一字一字が一つの思想であるから、「隷」には「属」の意味があり、その「属」には……云々……でとか、「治」は「理」なりとあるから、この「理」は政治の「治」と処理の「理」との意味を含むと考えて……云々……と追究して

〈注三－4〉 原文、および著者が引用した歴史家の文章ともに不明。ただし、中国人・王芸生《おううんせい》著『日支外交六十年史』（昭和八年刊、長野《ながの》勲《いさお》訳）にも、清の政府当局が次のように答えたという記述がある。「朝鮮ハ清国所属ノ邦《ほう》ナリト言フハ清国所属ノ土《くに》ナリト言フニ異《こと》ナルモノナルモ、其《その》修好条約ニ所謂《いわゆる》両国所属ノ封土《ふうど》ハ稍《やや》モ侵越スヘカラストノ言ニ適合スル点ニ於《お》テハ同一ナルモノ云々」。

いくと、私にとっては際限ない作業になってしまうので、こういう場合の処理方法として、一応「作業仮説」を立て、「隷」を文化的支配権下、「理」を政治的支配権と考えて、それで一応、この文を読んでみよう。

もちろんあくまでも仮説だが、そう読めば次のような意味になる――朝鮮は久しく中国の文化的支配を受けている、そして政治的には自治である。文化的には中国圏に所属する国であることは天下の共に知るところ、そして政治的には自主独立の国であることは、これまた天下の共に知るところである――と。

朝鮮のことは私は知らないが、少なくとも徳川時代の日本に対しては、全く同じことが言えたはずである。そしてこれが誇大表現でもなく、無いものをあると主張する強弁でもなく、いわんや二枚舌でもなく、ただ、事実を事実としてのべたにすぎないことは、竹内式部一人を見ても明らかであろう。従って、この事実をつきつけられてその前に慴伏《しょうふく》・土下座しようと、感情的反発を起こして憤慨《ふんがい》しようと、それとは全く無関係に、存在する事実はあくまでも存在するということにすぎない。

なぜ「尊中」が「尊皇」に転化したか

中国という東アジアの帝王は、周辺の諸民族に同じような態度をとっていたわけだが、彼らには、そういう態度をとる当然の権利があるわけであった。そして時にはこの「文化的支配権」を、「名目的政治的支配権」の形で表明することもあった。日本は実質的には中国の政治的支配を受けたことがないが、名目的にはある。次に掲げるのが、中国皇帝が足利義満《あしかがよしみつ》に与えた勅諭《ちょくゆ》の一部である。

皇帝勅諭　日本国王源道義　朕誕撫万方愛養黎庶　一視同仁　無間彼此　咸欲其無寇攘災沴之虞　無飢寒疾疢之苦　老者得養　幼者得息　曁二鳥獣……〈注三－5〉
〔『善隣国宝記《ぜんりんこくほうき》』中巻「応永《おうえい》十四（一四〇七）年　大明書《だいみんしょ》」の項より〕

この場合の「王」はもちろん「諸侯」の一人の意味で英語のキングではない。従って当時の日本は、名目的には、中国皇帝の支配下にあったその一《いち》封土にすぎないわけである。とはいってもそれが現実の政治的支配権でないことは、この勅諭自体が示しているであろう。

となると、ここでまた非常に面白い現象が見られる。というのは、足利義満は、中国の名目的宗主権すなわち文化的支配権をはっきり認めているのだから、後代の尊皇家すなわち尊中派は、彼を賞賛しなければならぬはずである。「中国人語録」を手にした市井の人「ただの市民」の前に権力者が慴伏するなら、中国皇帝から勅諭をうけた将軍の前にも拝《はい》跪《き》しなければおかしいはずである。しかし事実は逆になる、なぜか、問題はここである。

ここで前掲の、朝鮮問題について中国政府が日本に通告して来たという文書をもう一度読んでみよう。日本政府すなわち幕府に対して、これと全く同じことを言える人間が日本にいたのである。それが「天皇」なのである。天皇は確かに次のように言い得たであろう。

幕府国久《ハシク》隷《シ》二天皇《ニ》一。而《シテ》政令均《シク》自理《ラス》。其《ノ》為《ルコト》二天皇所《ノ》属国一。天下《ノ》所二共《ニ》知《ル》一。其《ノ》為《ルコト》二自主之国一。亦天下《ノ》所二共《ニ》知《ル》一。

文化の輸入は必ずこのような形で行なわれるのであって、これとよく似た現象は西欧にも東欧にもある。日本人が明確に隣国という意識をもちつづけたのは実は中国だけだと言ってよい。インドは夢の国にすぎない。そして中国文化の圧倒的影響下にありつづけながら、政治的支配は受けないという地位にいた。

従って日本が中国に対等であろうとするとき、そこに出てくるのは常に中国からの文化的独立という姿勢なのである。といっても、中国の影響力は余りに決定的なので、中国文化を否定すれば自己を否定することになってしまう。こういう場合、結局は他の国々がやったと同じように、中国の隣接諸国への文化的支配の形態をそのまま自国に移入して、これで中国に対抗するという形にならざるを得ないのである。

一つの政治体制の確立には、必ず内部的要因と外部的要因があるが、日本において常に見落とされているのが、天皇制成立の外部的要因としての中国の影響、いわば「対中国」

〈注三－5〉　以下、書き下し文。「(明の永楽《えいらく》)皇帝、日本国王　源　道義《みなもとのみちよし》(足利義満のこと)に勅諭す。朕《ちん》、誕《おおい》に万方《ばんぽう》を撫《ぶ》し(なでて)黎庶《れいしょ》(庶民)を愛養すること一視同仁《いっしどうじん》にして、彼此《ひし》を間《へだ》つることなく、咸《みな》、その寇攘《こうじょう》(侵略と強奪)災沴《さいれい》(わざわい)の虞《うれい》なく、飢寒《きかん》(飢《う》えや寒さ)疾疢《しっちん》(たちの悪い病い)の苦なく、老者は養を得《え》、幼者も息するを得んことを欲す。鳥獣らも……」。

という意識が、常に天皇制保持の要因の一つであったという事実である。

中国と天皇は、政治から遠いほどよい

中国は隣接の一部の国々に対しては、前に引用の諸文書の通りに「文化的に君臨すれども政治的に統治せず」である。その形態をそのまま天皇にあてはめて、それによって中国に対して文化的独立を主張してきたのが、天皇制のもつ一面なのである。

従って中国も天皇も、政治から遠いほどよいのであって、天皇は、北京よりもさらに遠い雲上《うんじょう》に押し上げねばならない。

このことは日本の外交文書を調べれば一目瞭然で、国内における天皇の政治的機能を一切認めない人びとが、ひとたび外交文書となれば、やみくもに天皇を前面に押し出し、日本は神国だ神国だと言い出すのである。

日本最古の外交史『善隣国宝記』(一四七〇年)が序文で『神皇正統記《じんのうしようとうき》』を持ち出すかと思えば、豊臣秀吉がその外交文書の冒頭に「大日本者《は》神国也《なり》。神即《すなわち》天帝、天帝即神也、全無差」などと書いたりする。それでいて両者とも、天皇の、日本国内における政治権力は認めようとしないのは、義満が中国皇帝の日本国内における政治権力を認めないの

と同じである。
これがすなわち、前に私が書きかえた「幕府国《ハ》久《シク》隷《シ》二天皇《ニ》一。而《シテ》政令均《シク》自《ラ》理《ス》。……」という位置、すなわち「中国の位置」に天皇を置くということなのである。これが、最初にのべた「中国に土下座するのは天皇に土下座するのと同じことだ」といった意味である。

そして中国の文化的支配権からの独立宣言――これは常に発しつづけられてきたのだが――の最近の例をあげれば、明治の教育勅語である。徳川時代は、竹内式部に見られる通り、「尊皇」とは実は「尊中」であり「……教育ノ淵源《えんげん》、亦《また》実ニ、中国ニ存ス」は自明のことであった。それを「歴代の天皇」へと切り替えたわけである。

それは結局、「理念としての日本国内の中国」への切り替えであり、現実の「中国」と「理念の中国」との分離宣言である。この宣言は確かに一つの歴史的任務を果たしているが、後にこれが、「理念としての中国」を、逆に現実の「中国」へ押しつけて行こうとする結果になるのである。日支事変の謎はこれが一種の「革命の輸出」だという点にある。

以上が「尊中」が「尊皇」に切り替わった理由であり、同時にこれは「尊皇」がまた「尊中」にすぐ切り替わる理由である。

結局両者が同根であることは、日本がその歴史時代の始まりから、中国の圧倒的影響下にあったという状態が生み出した一つの歴史的所産である。歴史的所産を、人は、消すことはできない。これを思想史に組み入れ、伝統として客体化し、その上でこれに対処して新しい道を探す以外に方法がない。

それをしないで、過去を「なかったこと」にしておくと、それが民衆的表現、すなわち感情的表白として残り、逆に、「姿を変えた過去」に無批判に追従せざるを得なくなるのである。

だがその結果として、尊皇攘夷に発する尊中攘米という感情を日本人が抱いたとて、「中」も「米」も、実は、日本人のその感情を一顧《いっこ》だにする義務はないのである。もちろん周恩来もニクソンも一顧だにしない。

幕府打倒の真の意味

さて、ここで非常に興味深い問題、すなわちなぜ尊皇が攘夷に結びつき、尊中が攘米に結びつくかという問題が出て来たわけだが、これはまた別の機会にゆずり、ここでもう一度、尊皇尊中の出発点、文字通りの「ただの市民」竹内式部にもどろう。

前章で私は、「輸入の思想で過去を断罪し、山城《やましろ》の領主にすぎない天皇家を、中国型皇帝の帝位に押し上げていく」と書いたが、この中国型皇帝という言葉に二つの意味があるのである。

一つは、㈠中国を支配する中国の皇帝であり、もう一つは、㈡中国周辺諸民族の位置で見た中国皇帝である。前者は、あくまでも万機《ばんき》を決裁する独裁的統治者だが、後者は、「文化的に君臨すれども政治的に統治せず」の皇帝である。いわゆる尊皇家とか勤皇家といわれる人びとの立場は絶対に同じでなく、思想的には㈠か㈡かに、はっきりと分かれているのである。

そして明治維新は㈡においては確かに成功したが、㈠においては決定的に失敗する。そしてこれは日本の歴史を振りかえれば当然の結果だが、日本人は、勤皇思想運動を二つの系統に分類して、その成功と失敗とを検討し再評価しようとせず、徒《いたず》らに過去を再編成することに熱中し、そして、それが明治の終末からわずか二十年後に始まる破綻《はたん》へとつながって行くのである。だがそれはまた別問題だから、ここで、竹内式部へともどろう。

一体、式部の考えた「尊皇」とはどういう内容なのだろう。端的にいえば、㈠であろうか、㈡であろうか。明らかに㈡である。中国の皇帝が中国国内を支配しているような型の支配体制、と考えたものを、そのまま日本に輸入して、その位置に天皇を置くべきだと考えた最初の日本人は、私が調べた範囲内では、山県大弐《やまがただいに》がはじめてで、それ以前にはいない。確かに、一見そう見える人もいるが、そういう人の思想を厳密に分析していくと、その人は、自らのうちで㈠と㈡の区別ができていないので、そう見えるだけである。

もちろん明治以降は、すべての尊皇家が㈠であって、天皇親政・幕府打倒を目指していたかの如くに人びとは言いたがり、みな㈠に入れてしまおうとしている。

しかし、式部は明らかに㈡である。前述の決断所での問答で、もちろん奉行もすぐ慴《しょう》伏《ふく》して土下座したわけではない。式部の言葉に対して、奉行は、現実論でこれに反駁《はんばく》している。すなわち「いや、そういっても実際には朝廷に行政能力はないではないか。世界いずれの国でも、行政は天子《てんし》一人でできることではない。一大名を見ても、家老もいれば用《よう》人《にん》もいる。天子がいて、関東がその下に立って政治をしているのだし、そうしなければ政治は実際にできないのだから、これは別に不都合ではないし、聖人の教えにそむいてもいるまい」と。

これに対して式部は、「もちろん、それはその通りである」と答えている。彼は、幕府というものを、存在すべからざる不法なものとは考えていない。「ただし」と彼はつづけていった。「関東が直接に政令を出さず、天皇を経由して勅令としてからそれを執行すれば、それは関東が下に立って政治をしているといえるし、『礼楽征伐自天子出』といえる。もちろんこの際も、日常の行政事務は天皇経由の必要はあるまい。しかし重要な政令は天皇経由にしなければ『礼楽征伐自諸侯出』になってしまい、そうなると聖人の教えによれば『十世希不失矣』となるから、天下は危いと言ったのである」と。

さてこうなると、まるで「徳川幕府の安泰を願うが故《ゆえ》に、聖人の教えに従って、忠告しているのですよ」というニュアンスさえ出てくるから、奉行が逆に妙な自白をする結果になってしまうのである。

なぜこうなるか。後代は、式部が巧《たく》みに自らを弁護して危機を脱したことにしているが、それは誤りであろう。朝幕を対立関係においたのは、輸入の思想で過去を断罪し切った後のことで、それ以前の日本人は、当然のこととして両者を併存関係においていたからである。その併存を不当と考えた者は一人もいないと私は見る。

問題はいつも「両者はいかなる関係にあるべきか」「どういう関係にあるのが正常か」であっても、「断固幕府打倒」ではない。もちろん「幕府打倒」は後に叫ばれるが、その人たちの多くも、それによって朝幕関係を正常化した新しい「幕府」、乃至《ないし》は「幕府的政府」を作るつもりでの「幕府打倒」なのであって、「幕府的体制」の完全排除ではない。明治維新の時ですら、東京に新しい幕府を作って、自分がどこかの殿様になるつもりの人間は、いくらでもいるのであって、大弐《だいに》のような考え方をしているのではない。従って私は式部の言葉を言い逃れとは考えない。

「君臨すれども統治せず」という天皇像の成立

私がそう考えるもう一つの理由は、『保建大記』の考え方である。この本は一六八九年に栗山潜鋒《くりやませんぽう》という人が書いたもので、この本の内容は一口にいえば、なぜ朝廷が政権を失ったかといえば、それは朝廷が道徳的権威を失ったからだ、と書いているからである。その権威を失っているのに、武力で政権を奪還しようとしたことは「徒《ただ》に益《えき》無きのみに非《あら》ず、而《しか》も又之《これ》を損ず。後鳥羽《ごとば》の若《ごと》き、後醍醐《ごだいご》の若き、……」はなぜ失敗したか、それは「身を律《ただ》し徳を積まば、則《すなわ》ち天下の人心、服するを期せずして自《おのずか》ら服し、畏《かしこま》すを期せずして自ら畏す」のに、その「本を修め」ずに、兵を起こしたりするからだ、という趣旨だからである。

では一体、この「身を律し徳を積む」の、基本となるべき哲学は何なのか——それが中国哲学で、この場合は「程朱《ていしゅ》」〈注三-6〉なのである。すなわち中国の「文化的支配権」の体現者としての天皇であれ、という考え方であって、式部は、ほぼこの考え方をそのまま受け入れているからである。

そしてわれわれはここに、「君臨すれども統治せず」という考え方が、西欧とは全く別系統に、日本において、中国との関連において成立して行く非常に面白い過程を見るのである。そして式部の考えた「尊皇」は、戦前の天皇制よりむしろ戦後の天皇制に近いと私は見る。

従って、式部の考えと「公家連」の騒擾《そうじょう》とは、実質的には関係はない。彼らが何かに刺激を感じたのなら、前述のようにそれは『靖献遺言』だけである。それにしても「公家連」的行き方は『保建大記』と逆で、『保建大記』はそれを愚行として戒《いまし》めているのだから、この「公家連」事件から式部の思想を再構成すべきではないであろう。

これはいずれの時代にも起こる泡沫《ほうまつ》的事件だが、後世はこれを過大評価して、この事件

〈注三-6〉 十一世紀北宋《ほくそう》の大儒、程明道《ていめいどう》・程伊川《いせん》の兄弟と、十二世紀南宋の朱子《しゅし》が打ち立てた儒学の体系。

の中心人物として竹内式部を「勤皇の魁」と呼んでいるのである。だが、そういった竹内式部像はおそらく誤りであろう。ではなぜそうするのか。そう見ないと、彼が「尊皇」より「尊中」に見えてしまうからであり、これもつまるところ、「湊川建碑」から朱舜水を消したのと同じことであろう。

前述のように竹内式部の「君臨すれども統治せず」は、中国との関連で生まれた思想で、西欧とは全く無関係でありながら、一見、西欧のそれと非常に似た外形はしている。これは、ただにこれだけでなく、日本文化のあらゆる面に見られる現象である。そして幕末期から明治へのいわゆる「西欧化」は、実は、こういった部分に西欧の「外衣《がいい》」をまとわせたということなのである。

毎日新聞の「余禄」先生は、私への批判の中で、「相互理解のうまい方法」を見つけることが急務だという意味のことを書いておられるが〔一章19ページ〈注一－3〉を参照〕、この世界には、「うまい方法」というものは存在しないのである。方法があるとすれば、一見「西欧化」と見える現象の背後に、中国の直接的・間接的影響とその成果があるという、この非常に錯綜《さくそう》した関係を克明《こくめい》にといて行くことによって、その思考の方法とその思考の成果の系譜を明らかにし、それを西欧の思想と対比する以外に方法はないはずである。

確かにこの関係は実に複雑であって、その解明には異常な努力が要請されようが、おそらく「方法」はそれ以外にない。この点、竹内式部の「君臨すれども統治せず」は、あるヒントは提供するであろう。

話は横道にそれたが、この章では「清朝派日本人」まで進むことが出来なかった。実をいうと、「明朝派」をたどるだけで際限がなくなってしまいそうだが、日本ではおそらく今ごろはもう「中国問題」はみなが卒業してしまっているだろうから、私もなるべく早く「卒論」をまとめることにしよう。

四章

明《みん》朝《ちょう》派日本人と清朝派日本人

——「日本国王」を受け入れた足《あし》利《かが》義《よし》満《みつ》の中国観

「尊皇攘夷」の成り立ち

清朝派日本人という言い方は、多少語弊《ごへい》があると思うが、武家派、幕府派、いずれをとってもやはり誤解を生ずると思うので、やはり清朝派にしよう。ただし、この清朝派日本人の存在が、清朝以前にさかのぼっても、それは一応、矛盾と考えないでいただきたい。

前章でのべたように「中国」という言葉は、一つの「国家＝政治権力」を意味するとともに、自己が文化的に支配する一つの「文化圏」いわば「小宇宙」もしくは「世界」＝「天下」をも意味しているわけである。従って自己の文化的権威に基づく文化的支配圏という考え方を中国人がもったにしろ、東アジアに関する限り、それは当然であり、日本をその圏内に含めることも、また当然であった。

これがヨーロッパのように、一つの文化圏の中に多くの国家が分立する場合、文化圏と国家＝政治権力を分けて考えることは、少しも困難ではない。しかし中国のような場合、この二つを分けて考えることは、中国人にとっても日本人にとっても、困難なことであった。従って中国が異民族に征服・支配された場合、海外に亡命した朱舜水のような人は、この考え方が、いわば裏返しになってしまうのである。

すなわち文化圏としての中国と国家としての中国とが分けられないので、満州族が実際に「中国の国土」の全域を政治的に支配しても、この人びとにとっては、それは「中国」ではないのである。なぜなら、満州族が「中国の国土」を政治的に支配しても、それは、その時点では確かに「中国の文化的支配権」をも入手したとはいえない。

そして「文化的支配権がない中国」というものは朱舜水にとっては存在しない。従ってそれは、「全国土がことごとく賊軍」に占領されたということであっても、そこに「中国」が存在するということではない。そしてこの考え方は国府にもあり、あって不思議でない。

そこで朱舜水が「尊中」といった場合、必然的に「攘夷（満州族）」とならざるをえず、この観点で彼が日本史を見た場合は、天皇家が「中国」で、幕府が「夷《えびす》（満州族）」という図式にならざるをえない。従って「尊中攘夷（満）」を日本にあてはめれば、そのまま「尊皇攘夷（幕）」となる。

幕府は元来、京都から見れば「東夷《とうい》」であり、浅見絅斎《あさみけいさい》のような人は、京都と江戸を「両都」と呼ぶことを、かんかんになって憤慨する。江戸は夷《えびす》であって都《みやこ》でない。この東夷（幕府）が、外夷（アメリカ）と勝手に和親条約を結ぶ。「尊皇攘夷」の「夷」を単純に「外国」と考えるのはあやまりであり、当時幕府は、ちょうど「米帝国主義と手を結ぶ自民党政権」という形で、一つと見なされていたわけである。朱舜水のような考え方を日本にあてはめれば当然こうなるわけであり、そしてこの図式を完全に日本に移植したのが、おそらく安積澹泊《あさかたんぱく》〔一六五六―一七三七年、水戸藩士〕であろう。

彼は朱舜水の直弟子《じきでし》にして、『大日本史』編修の総裁であり、晩年は、文字通り天下の人々が教えを請《こ》うた大先生であった。そしてその思想がいつしか、日本はじまって以来の日本の正統思想のような顔をするわけだが、実際は、明治期の少し前に形をなした輸入の新思想にすぎないのである。

日本こそ本当の中国という考え

中国の影響を圧倒的に受けると、当然それへの反発も生ずる。一方、現実の中国は「満州族国」になっている。従って満州族国を中国と認めずという朱舜水的考え方を一方的に変形すると、中国への反発が満州族国へと転移して、「あれは夷であって中国ではなく、日本こそ本当の中国だ」という考え方が出てきても不思議ではない。

この考え方は実に根強く、第二次大戦まで残っており、日本が中国に居すわりをつづけた一因にすらなっている。日本＝中国論者の一人は山鹿素行《やまがそこう》〔一六二二―八五年〕で、彼は日本を、というよりむしろ天皇家を中心に再構成した過去の日本を「中朝《ちゅうちょう》」と呼び、

『中朝事実』という本を書き、また次のようにも記している。

我等事《こと》、以前より異朝《いちよう》の書物をこのみ、日夜勤候故《つとめそうろうゆえ》、近年新渡《しんと》の書物は不レ存《ぜ》候、十ケ年以前迄《まで》異朝より渡《わたり》候書物は、大方《おおかた》不レ残令《ラシメ》三一二読《セ》之《これヲ》一候。依《よりテ》レ之《ニ》不レ覚《エ》異朝の事を諸事《しよじ》よろしく存《ぞんじ》、本朝は小国故《ゆえ》、異朝には何事も不レ及《バ》、聖人も異朝にこそ出来《しゅつらい》候得《え》と存《ぞんじ》候。此段《このだん》は我等斗《ばかり》に不レ限《かぎラ》、古今の学者皆左様《さよう》に存候て、異朝を慕《したい》まなび候。近比初《ちかごろはじめ》て此存入《ぞんじいり》誤なりと存候。信《ジテ》レ耳《ヲ》而不レ信《ゼ》レ目《ヲ》、棄《すテテ》レ近《キヲ》而取《リ》レ遠《キヲ》候事、不レ及《バ》二是非《ニ》一、寔《まこと》に学者の痛病《ニ》候。詳《つまびらか》に中朝事実に記《シ》レ之《ヲ》候得《そうらえ》共《ども》、大概をこゝにしるし置《おき》候。

〔山鹿素行『配所残筆《はいしょざんぴつ》』より〕

〈注四－1〉

過去の日本の歴史書は対中国土下座派と、このような対中国反発派とを相対《あい》立する考え方のように記しているが、私はこの二つは、中国と中朝という言葉の差だけで、その思考図式は同じと考えている。従って以上のような考え方をする者はすべて、私にとっては明《みん》朝《ちょう》派日本人である。

そしてこの人びとの多くは、今の「西欧的教養に富む進歩的知識人」と非常によく似ている。確かに立派な学者もいるが、その多くは、ただ中国という文化的権威をふりかざすかそれに反発するだけで、自国についても中国についても何一つ知らず、その知識も知的水準も、新井白石と比較すると、その足下にも及ばない人が多い。

最初の清朝派日本人は、平清盛《たいらのきよもり》

私が清朝派日本人と呼ぶ人びととは、中国のみならずユーラシア大陸との外交関係、およびその関係から国内に生ずる諸影響を、新井白石のように、過去の歴史と文化的諸関係と現状とを深く考慮して、実に思慮深くかつ適切に処理することができる人のことをいうわけである。

すなわち日本という国は圧倒的な中国の文化的影響を受けたが
ゆ
え
に同文同種ではなく、別の文化的形態を生じて文化的権威と政治的権力が分立している、そして文化的権威は中国の影響を受けても、政治的権力は自然発生的ともいうべき日本独特のものであるという現実を的確に把握している人の意味である。

その代表的人物である白石の基本的な考え方は「朝鮮の国書の宛名《あてな》『日本国王』の問題

の処理」にはっきり出ているが、それは後述するとして、まず、こういった考え方の起源、乃至《ないし》は原初的考え方に遡《さかのぼ》ろう。

この考え方は一面、武家の伝統的な考え方だから、当然武家政権の起源すなわち平清盛まで遡る。いうまでもなく古代の天皇政権は、中国式政治形態模倣《もほう》政権、というより正確には模倣したつもりの政権——ちょうど今の日本が西欧式政治形態模倣政権であるのと同じように——であり、武家とは、その模倣政権と当時の日本の実状との矛盾が生み出した

〈注四－1〉 以下、口語訳。「私は以前から外国〔中国をさす〕の書物を好み、日夜、勉強してきましたので、このごろ渡来した書物は存じませんが、十年前までに来た書物なら、ほとんどどれも一読はしております。そのため、いつのまにか外国のことを全て良いと思うようになり、わが国は小国だから何につけても外国には及ばず、だから聖人も外国に現われたのだ、と思っておりました。これは、私ばかりでなく、古今の学者は皆そのように考えてまして、外国を慕《した》って学んできたわけです。ですが、最近になって初めて、この考え方は誤りだとわかるようになりました。伝聞のほうを信じて自分の目を信ぜず、近きを軽《かろ》んじて遠きを重んずるのは、言うまでもなく、学者の通弊《つうへい》でありましょう。この件については『中朝事実』に書きましたが、ここに、あらましをのべておきます」。

新階級《ニュー・クラス》であり、従ってその政権にも政体にも政治感覚にも、反中国的とはいえないまでも非中国的な面が非常に強く、いわばあらゆる面での非中国化日本人の代表とでもいえるような人びとであったから、その対中国感覚が天皇政権とその周辺の人びととは全く別であっても不思議ではない。従って最初の清朝派的日本人に平清盛が出てくるのは当然であろう。

日宋間の「政経分離」の通商と、仏僧《ぶつそう》の来日や渡宋による文化交流は相当盛《さか》んだったようで、さまざまの記録にも散見する。しかし「日宋国交正常化」はなかなかうまくいかなかった。

一〇七五年、渡宋した日本の僧が帰国するとき、宋の皇帝から天皇（白河《しらかわ》天皇）に信書と贈物がとどけられた。ところがその信書に「廻賜《かいし》日本国」という言葉があり、これが公卿《くぎょう》の間で「属国扱い」だという議論を生じ、贈物を受けて返書を書くべきか、贈物も信書も突っ返すべきかが大議論となり、何とこれが一年半もつづくのである。

やっと返書を出すことになり、これを宋に送ったのだが、今度は宋が受理することを拒否した。一一一八年にまた宋から国書が来た。またまた大議論になり、それがついに無期限の小田原評定《おだわらひょうじょう》になり、ついに何も決定せず、うやむやになってしまった。何か最近のことを連想させる事件である〈注四－2〉。

ところが、一一七二年、また宋から天皇へ贈物が来た。ところが贈り主がなんと宋の一地方官、それでいて添えられた文書には「賜日本国王物色」と書いてあった。朝廷すなわち公家の人びとは大憤慨で、「賜《たま》うとはなにごとだ、大体、宋の皇帝がそう言っても失礼なのに、一地方官の分際で何をいう。返事の必要はない。贈物は突っ返せ」ということになった。ところが平清盛は一向《いっこう》に平気で、公家たちの憤慨や激烈な意見を一切無視して、法皇に言って贈物を宋の使者にわたし、返書もわたしてもらい、使者を返して、「大いに貿易をしましょう」と言った。これがいわば「国辱《こくじょく》外交」として、後の清盛非難の一因となるわけである。

義満は「二つの中国」派の代表

この清盛の行き方は非常に面白い。いずれの国民であれ、国内問題の処理と外交問題の

〈注四－2〉 日中復交までの、中国支持派と台湾支持派との間で繰りかえされた、非生産的な議論をさす。

処理は、ほぼ同一の原則によっている。これは当然である。この場合古代天皇制は、中国式政治形態模倣政権だから、公家の人びとは、文化的権威と政治権力は一体不可分だという中国式の考え方に立っている。

ところが清盛はそうではない。たとえば「朝敵を平《たい》らげた者は半国を賜う」のなら清盛は有難くそれをいただく。この場合「いただく」のはあくまでも文化様式に基づく儀礼であって、実際は彼が実力でかちとったものである。

しかし、たとえ自分が実力でかちとったものでも、「自分が実力でかちとったものだから、『賜う』などとは失礼だ」とは彼は言わない。これは非常に素朴な形で、文化的支配権と政治的権力は別だ、という考え方が無意識のうちにも、彼にあったことを示している。

従って「賜う」だ、いや「実力」だ、「賜うは失礼だ」「突っ返せ」などという議論を、彼がするはずはない。そういう議論は、彼の行き方の基本からすれば、全く無意味なわけである。彼はこの考え方を、そのまま外交問題の処理にあてはめているだけである。すなわち彼の対中国の態度は、そのまま対朝廷の態度である。

これは見方をかえれば、武家という政治権力の基本的な考え方、「二つの中国」を平等に認める、ただし、両者の自己に対する政治的権力は共に一切認めない、だが文化的権威だけは共に認める、という考え方の原型ともいえるであろう。そしてこの「二つの中国を認める」武家的考え方が非常に明確に出てくるのが、足利義満である。

この「二つの中国」派は、種々様々な形で、絶えず日本では非難される。その代表的人物は義満だが、一体なぜ非難されるのであろう。理由はおそらく非常に簡単なことで、彼が「天皇も中国も、ともに、儀礼的対象としてしか認めません」と宣言したに等しいことを、したからであろう。

すなわち幕府国は独立国であり、その政体も政権も、基本的には自ら創出し自ら樹立したものであるから、だれの指示を受ける必要もない、従って一切の「内政干渉」は拒否するが、天皇家であれ、中国であれ、それに文化的権威があるならば、あるという事実は、共に認めよう、という態度である。

彼は天皇から征夷大将軍に任ぜられた、一方中国からは「日本国王」に封《ふう》ぜられた〔三章103ページを参照〕——どちらも彼にとっては同じことにすぎない。「半国を賜う」どころか「全国を賜う」となったのだが、実際は自分の実力で獲得したのだから、「賜う」という者が一人であろうと二人であろうと、彼にとっては問題でない。

この感覚は、確かに清盛に似ており、これは、武家的な考え方の一面である。ただしここには、絶対的ともいえる前提条件が存在している——すなわち、「ただし、それは、あくまでも自己に有利な場合に限る……」。

清盛の場合は、この「ただし……」はあくまでも対中国であって、必ずしも対天皇ではない。しかし義満では明確に、「任将軍」であれ「封国王」であれ、それが自己に有利なら承認します、有利でなければ拒否します、という態度である。

白石では、これが非常に明確に出ていて、一種の「公家権」を認めるのは、武家にとって有利だから認める、ということになるのである〈注四－3〉。

「拒否」できると考えることは、相手の自己への政治権力は認めないということである。同時に「封国王」であれ「賜半国」であれ、自己に有利な限り受け入れるということは、自己の選択において、文化的権威は認める場合もありうる、ということである。

公家にはこの考え方が全くないから、文化的権威を認めることは政治的従属であると考え、そこで「賜」という一字が大問題になってしまう。ところがこの公家的な考え方自体が実は中国の考え方のそのままの模倣なのだから、こういう考え方で中国に対した人びと、そして強硬意見を吐《は》いた人びとは、一見「対中国強硬派・対等派」のように見えて、実は、完全な「中国的思考従属派」なのである。

後代はこれを逆に見て義満を糾弾する。なぜ逆に見るか、その人たちは中国から輸入した思想を絶対の権威の如くにふりかざして過去を断罪しているからである。そして皮肉なことに、後にその人たちが、国家主義者とか国粋主義者とか呼ばれているのである。

義満が明の「封」を受けたのは、その方が有利だからと考えたという一事につきる。不利になればもちろんいつでも拒否したであろう。従って先方が「封」を受けてくれといっても、「いやだ」といって拒否する場合はもちろんありうる。こうなると形は「封」でも、実際は、幕府政権が中国政権を承認するかしないか、といった問題になってしまう。この関係が非常に明確に出ているのが、足利幕府と明との交渉の経過だが、そのまえにまず、それより少し以前にさかのぼってみよう。

〈注四－3〉 たとえば『読史余論《とくしよろん》』上巻「九変」の章にも、「北朝は、また(全)く足利殿の、みづからのためにたてをき(創立)まいらせられし所にて」とか、「豊臣の太閤《たいこう》の代のはじめ、皇家《こうか》の威《い》を仮《か》りまいらせて、天下を掌《しょう》にすべし(天下を掌握すべし)とおもひて」などとある。

足利義持《よしもち》は、なぜ中国と国交断絶したのか

日中間の、いわば「政経分離」に基づく通商の歴史は実に古く、また面白い。極端な例を引くと、いわゆる元寇《げんこう》の最中にも、通商だけは平然と行なわれていたらしい。文永《ぶんえい》の役《えき》の三年後に日本の商船は平然と中国に行っている。もっとも中国は広いから、江南《こうなん》の民衆は元寇のことなど全然知らず、当然のことのように歓迎していた。もちろん元《げん》政府は日本の進攻を警戒していたが、そういった警戒を尻目に、貿易だけはぐんぐん伸び、従って中国製品は日本にあふれたらしく、〔吉田《よしだ》〕兼好《けんこう》は次のようにそれを批判している。

唐《から》の物は、薬の外《ほか》は、なくとも事《こと》かくまじ。書《ふみ》どもは、この国に多く広まりぬれば、書きも写《うつ》してむ。唐土舟《もろこしぶね》の、たやすからぬ道に、無用の物どものみ取り積みて、ところ狭《せま》く渡《わた》しもて来《きた》る、いと愚《おろ》かなり。「遠き物を宝とせず」とも、また、「得難《えがた》き貨《たから》を貴《とうと》まず」とも、文《ふみ》にも侍《はんべ》るとかや。〈注四－4〉

〔『徒然草《つれづれぐさ》』第百二十段〕

こういう状態はやがて、政府管理による民間貿易へと進む。これは元《げん》代にすでに行なわ

れ、寺社が勧進元《かんじんもと》となり、幕府が沿海の地頭に命じて海賊から保護させるという方式をとった。これらのうち有名なのは天竜寺船《てんりゅうじぶね》で、これは実際は至本《しほん》という商人が請け負い、損益にかかわらず一隻につき現銭五千貫を天竜寺に上納するという形をとっている。

ここで当然、海賊すなわち倭寇《わこう》が問題になる。倭寇のことは、ここではその概略にとどめるが、政府間貿易もしくは政府管理貿易ということになれば、倭寇は「日中共同の敵」ということになり、そこで義満のとき、日中共同して倭寇を取り締まり、それによって義満は、貿易の利益を一手におさめようとする。従って義満は、実に熱心に倭寇を取り締まり、相当に効果をあげたらしく、中国政府から「感謝状」をもらっている。

ところが一四〇八年、義満が死に、義持《よしもち》が跡をつぐと、明は彼に対して、中国としては最大の儀礼で対したにもかかわらず、義持は返事もしなかった。日中断交である。明〈永《えい》

〈注四―4〉　以下、口語訳。「中国からのものは、薬の他はなくても、不自由しないだろう。書籍は国内にすでに十分に広まっているから、書写すればすむ。困難な海路を渡って無用なものをわざわざ運び込むのは、愚かなことである。『遠くにあるものを宝とせず』とか、『得難き宝を貴ばず』などという言葉もあるということだ」。

楽帝《らくてい》」は怒って威嚇《いかく》しようとして「朕師之来、雷轟電撃、則爾国无険可恃矣、爾必須高其城深其池、以候天兵之至、於此之時、悔将无及」〈注四―5〉とまで言ったが、義持は返書すらおくらない。それのみならず、倭寇の行為は日本政府は一切責任を負わない、捕虜にしたらそちらの法に従って処分して一向にかまわない、日本に送還する必要はない、といって使者まで追放してしまった。

なぜこうなったか。後代はこれを「尊皇」だという。全く「尊皇」とは便利な言葉だが、もちろん実情は違う。彼が対中国断交をしたのは、当然それなりの理由があった。しかしこの問題は、日本側からだけ眺めては不公平で、日中双方の問題点を調べねばならない。

問題は倭寇にあった。倭寇は本質的には商人で、いわば私貿易業者というべきものであったろう。というのは、中国側が自由貿易を認めれば自然に消滅するからである。

例をあげると、明の洪武帝《こうぶてい》が市舶司《しはくし》を置いて、日明交易場を浙江《せっこう》に設けて政府監督下に自由貿易を許すと、倭寇は静かになってしまう。彼は日本と断交したわけだが、「政経分離」でこの市舶司は黙認しておいたので、大体海上は平和であった。ところが廃止すると、とたん大倭寇が発生するのである。

では、「政経分離」で自由貿易を許可しておけばよいではないか、なぜ、中国側は自由貿易を禁ずるのか、日本側は自由放任だから、中国側も自由放任にすればよいではないか、と考えたくなるが、そうはいかない理由が中国側にあった。

この理由は確かに複雑で、政治・経済その他あらゆる面から分析できよう。後代の学者はさまざまの理由をあげており、その理由にはみなそれぞれの妥当性がある。しかし、その時代の人間は、そういう「科学的分析」ができるわけではないから、少なくもその時代の人びとにとっての直接の理由は、実に即物的な明確な問題にあった、と私は考えている。

それは日本側の輸出品である。確かに硫黄《いおう》・漆器《しっき》・屏風《びょうぶ》などもあったが、輸出の主力商品は武器、すなわち刀・槍《やり》・鎧《よろい》と、おそらく鏃《やじり》であって、その中の主力が何と日本刀なの

〈注四－5〉 内閣文庫所蔵『修史為徴《しゅうしいちょう》』第一巻所収、明の永楽帝の勅書（一四一八年）より。以下、大意。「我が軍は早くて強い。則《すなわ》ち爾《なんじ》の国の険《けわ》しさを恃《たの》んでも無駄である。いかに城を高くし、堀を深くしようとも、我が軍が攻め込んだときになって後悔してももう遅い」。

である。

人類史上最大の刀剣輸出国

この日本刀がどれだけ輸出されたかは明らかでないが、一四五一年から一五〇〇年までの半世紀間、記録に残るものの総計だけで何と約九万一千本になる。ところが、数をごまかして余計に中国に持ち込んだという記録が別にあるから、記録に残ったものだけと仮定しても、この何割増しかである。もちろん記録は多く消滅しているであろうし、一方、密貿易ははじめから記録がない。こうなると一体全体この半世紀間だけで、日本が中国に売り込んだ日本刀が総計どれだけになるか、ちょっと想像がつかない。日本は人類史上最大の刀剣輸出国かもしれない。

常識で考えればだれでもわかることだが、当時であれ今であれ、いかに自由貿易を原則とする国でも、何十万本という武器を自国に自由に持ち込んで自由に販売してよろしいという国はない。これは貿易とは別の問題である。

そういうものを中国に持ち込んで勝手に売られてはこまる、と中国側がいうのは当然なのだが、さて日本側はというと、前記以外に輸出可能の商品がない。一方、日本側の輸入品は、まず薬種・薬草、生糸・絹・綿・綿糸・綿布等から磁器・書画であって、自由に輸入して少しも支障のないもの、しかも当時の生活水準の向上から、輸入しうる限り輸入したいものばかりなのである。

簡単にいえば、武器を輸出して民需品を輸入するという貿易形態だから、日本側は自由貿易を主張し、中国側は政府間貿易に固執するという形にならざるを得ない。従って、この間の問題に関する限り、中国側の主張が正当であって、日本側の主張には無理がある。

武器輸出は、いずれの国、いずれの時代であれ、自由貿易の対象とはなりえない。

といって貿易を禁ずれば、相手はたちまち海賊に早がわりする。といって貿易を許せば、何しろ輸出品は日本刀しかないも同様だから、ずんずんと民間や地方豪族の手許《てもと》に武器が流れ込んでしまう。倭寇といってもその主体は中国人である、ということは多くの資料が証明しているが、彼らの持つ武器がメイド・イン・ジャパンであったことは想像にかたくない。

従って、倭寇にとっては、武器を売って民需品を購入してもいいし、武器を沿岸中国人に与え、その代償に民需品を掠奪《りやくだつ》させて、それを日本に持ち帰ってもいいわけだから、貿易を許可すれば途端に倭寇は静まる。しかしそれでは、武器の中国への自由流入を認めることになってしまう。中国の側から見れば、当時の日本とはまことに始末の悪い対象であって、中国にとって、おそらくはじめて経験した奇妙な状態であったろう。

自由貿易を再開してから起こったこと

従って形式はどうであれ、当時は専《もっぱ》ら中国側から日本に接触しようとしている。ただその接触の仕方が周恩来方式だというだけ、つまり日本側からの「伺候《しこう》」という形をとるだけで、これは、中国側から日本に接触しようとする場合にとる、伝統的な方式のように思われる〈注四－6〉。

義満はまず、対中国貿易は莫大な利益があるという幻想を抱いた。ただ今の状態では、その利益は倭寇の手に入ってしまう。そこで自由貿易を禁じ、日中共同で倭寇を制圧し、中国貿易を幕府が独占すれば、その利益は全部幕府の手に入ると考えた。そこで一心に倭寇を制圧した。

ところが中国政府はそう甘くはない。台湾から自ら引き揚げるという犠牲を払った日本の産業資本家〈注四－7〉がいずれ味わうような苦杯を彼はなめた。

いよいよ倭寇制圧も終わり、さて、それと並行して進められた日中貿易条約の最終的締結となると、何しろ相手は談判《だんぱん》先生である。貿易は十年に一航海、船は二隻、乗組員二百人、開港場は寧波《ニンポー》のみとし、宋以来の伝統的に開放されていた諸港は閉鎖し、乗組員の武器携帯は一切これを禁じ、貿易品目を制限する、というきびしい条件になってしまった。

〈注四―6〉「こちらはどうでもよいが、そちらが望むのならば」というかたちで、目的を達成する法。日中復交時も、一九七一年七月九日（キッシンジャー秘密訪中の前日）の時点でさえ、宇都宮徳馬《うつのみやとくま》氏ら親中派の訪中希望に対し、「政府の正式使節なら歓迎するのだが」旨、周恩来は語り、復交を焦ってなどいず、日本が本気で望むのなら、その姿勢が見えたときに考える、という態度であった。

そうして、ニクソン訪中計画発表（十六日）で日本を焦らせたあとも、物欲しげな顔は全くしないため、社会党（当時の）議員は、「さっさと日華平和条約の清算を！　このままぐずぐずしていては大変なことになる」旨、国会で論じ（十九日）、この動きを見て、「日華平和条約を破棄したがらない首相と会っても意味ない」と、周恩来は落ち着き払ってみせた（二十五日）。つまりは〝復交するためには、日華平和条約破棄に熱心でない首相（佐藤栄作《さとうえいさく》）を替えるほかあるまい〟との空気をつくったのである。一事が万事であった。

これでは、民需品の輸入ができない。

義持は、「父義満は臨終に対中国断交を神に誓《ちか》った」から断交する、といっている。これは単に口実《こうじつ》かもしれないが、事実であっても不思議ではない。ただ義持の真意はおそらく断交でなく、自由貿易の再開であったろう。しかし結局、「日中断交」ということになってしまった。当然であろう。

そうなるとまたまた倭寇があばれ出す。中国はこまる。市舶司を設けて管理下の自由貿易を許可する、するとまた同じ問題が起こる。そこで義教《よしのり》のとき、今度は琉球王を介してまた日本に接触をはかる。また「日本国王」で返書を出す。貿易条約が出来る。今回は少ししまして十年一航海、一回船三隻、乗組員は三百人だが、付帯事項があって、刀剣は三千本以内となった。

ところが、日本は「実情は条約に優先する」お国だから、平気でこの条約を空文《くうぶん》にする。三隻だなどと決めておいて平気で十隻出す。そのうち、大内《おおうち》・細川《ほそかわ》といった大諸侯、すなわち政府の統制に服さない大商社が勝手に船を出す。そして寧波で税関吏に両商社が贈賄《ぞうわい》競争らしきことをやって、商社同士が斬り合うという過当競争（？）をやり、あげくの果ては周囲の町々を襲うという事件まで起こす――全く、中国政府は手を焼いたことであろうと同情せざるを得ない。

武家政権の中国へのしたたかな態度

われわれはここで、中国に対して、公家とも明朝派とも違う、全く別の態度をとる日本人に接するわけである。公家は、中国の国書の一言一句を問題にした。しかしそれは彼らが、中国を尊敬し、中国を絶対的権威とし、中国の基準、中国の見方でその国書を読んだ結果にほかならない。また、明朝派日本人にとっては、中国もしくはそれを日本に転移した「中朝」は、絶対的な権威であった。

〈注四－7〉 政界で、佐藤首相退陣が具体化する前から、経済界は中国詣《もう》でを始めていた。ニクソン訪中計画発表（いわゆるニクソン・ショック）の直後には、トヨタ自動車など大企業は、恒例の日華協力委員会（台湾経済界との会議）に不参加を決定した。佐藤退陣表明の半月前（一九七二年六月十四日）の段階では、すべての大手商社が、〝台湾などと取引のある企業は、中国と取引不可〟とする旨の、〝周恩来四条件〟を受け入れることを、表明していた。

しかし義満であれ義持であれ、彼らにとっては、中国も中朝も、実際は何の権威でもないのである。自分は自分の方針に従うだけで、相手が自分を「日本国王」と呼ぼうが、「朕師雷轟電撃」と言ってこようが、それはあくまでも先方の勝手であって、それによって一向に左右されない。そして彼らにとって中国とは、ただ、「必要があれば交渉し、また交渉にも応ずる対象」にすぎず、ただそれだけにすぎなかった。

こういうことは、現代では当然のことと思われている。しかしこの考え方が当然とされるようになったのは「民族主義」に基づく「国民国家形成」以後のこと、すなわち「国家の主権」が確立され、「主権国家」が原則として互いに対等の立場で条約を結ぶことが当然と考えられるようになってからのことである。

確かに中国には、「対等の立場で通商条約を結ぶ」という考え方は全くなかった。中国が西欧と接したとき、中国政府に平等互恵の通商条約という考え方が全くなく、あくまで朝貢と下賜という形式に固執して、多くの無用のトラブルを起こした。

足利期の対明貿易もあくまでも外形は朝貢である。中国側の記録には、名目的には中国の封臣《ほうしん》である日本の貿易船は、「日本国進貢船」という旗を立てて中国に来たと記されている。おそらく事実であろう。

しかし実際には、両国の通商条約は、実質的には、日本側の「軍需品の輸出、民需品の輸入」の一方的自由貿易という、実に奇妙な通商関係に困惑した中国側からの申し出によって締結されており、日本は、もしそれが自らにとって不利と考えるならば、いつでも一方的に破棄できる立場にあった。すなわち、文書の表現がどうであれ「対等の立場で通商条約を結んだ」わけである。

幕末になって西欧がはじめて日本に接したとき、当時の幕府が、西欧と非常に似た「国家」という概念を明確にもっていることに、西欧は驚くのである。しかしこれもまた、天皇の「君臨すれども統治せず」が西欧と無関係なように、西欧とは全く別に、中国との関係において成立した概念なのである。そしてこの国家という概念の上に、日本は、非常にたやすく「西欧化の外衣」を着せていった。しかし、こういった概念は、当時は、中国人もインド人も持っていなかった。

従って室町時代の、幕府に近い人びとの中国への態度は、明治時代の日本人の西欧に対する態度と一脈相《あい》通ずるものがある。足利幕府が中国を絶対的権威と考えなかったということは、中国を蔑視したということではない。彼らは、中国の権威を借りて過去を断罪したり同時代を土下座させたりせず、また、中国的思考で中国の日本への文書の一言一句に拘泥《こうでい》して、一年も二年も無意味な議論を大まじめでつづけたりするようなことはしなかっただけである。

そして、対等の立場に立ちつつも、相手の儀礼や国民感情は尊重し、かつ、先進国「中国」から、学ぶべきものは的確に学んでいた。その学び方はいわば実利的であって、中国技術の導入という形になっている。主要なものは印刷・医術・製陶術であろう。

秀吉の目的は何であったのか

だが、この「国内問題の処理と外交問題の処理」を同一原則で行ない、また「自己に有利なら相手の権威を認め、自己に不利なら相手の権威を認めず、認めた権威は十分に利用する」という武家的行き方は、大きな危険性も内包《ないほう》している。

この欠点が最も明確に出ているのが秀吉である。「朝鮮の役」の細部は「講談史観」の通りと考えても一向にかまわない。

ただ私が興味をひかれる一つは、中国側の全権沈惟敬《しんいけい》が、何をどう誤認したため、「日中講和」が成立しなかったか、なぜまた一挙に決裂へと突入したのか〈注四－8〉、また秀吉自体が、何を前提にして当時の東アジアを見ていたのか、秀吉式の大言壮語は別として、一体全体彼の目的は何であったのか、一体この決定的な失敗の原因を白石はどう見たか、また白石自身が、外交問題の処理と国内問題の処理を同一基準で行ないつつ、その間をどう調整したか、——簡単にいえば、天皇・公家という「国内の文化的権威」と、中国という「国外の文化的権威」と「幕府という政治権力」との関係、同時に「中国という文化的権威」を一つの「政治権力」として利用しようとする人びととの関係、この複雑な諸関係をどのように処理したか、といった問題である。

これらの問題については、次章でふれよう。

〈注四－8〉 文禄の役のあと、一五九六年、沈惟敬は明皇帝の副使として来日し、大坂城に誥勅《こうちょく》を届けた。その内容が「爾《なんじ》ヲ封ジテ日本国王ト為《な》ス」というものであったため、秀吉は激怒、講和は破談となり、慶長の役が起こった。

五章

太《たい》閤《こう》式・中国交渉の失敗

――秀吉は、なぜ明《みん》との交渉を決裂させ、再度の朝鮮出兵にいたったか

新しい方法論をまったく持たなかった秀吉

白石の『藩翰譜』の引用でこの小論をはじめたとき、彼の指摘している事態が、二十世紀的な姿でそのままに再現すると、的確に予測していたわけではない。

また太閤と「今太閤」（田中角栄首相（当時））を比較してみようという気も、私には全くなかったので、これから記す「太閤日中講和の失敗」は、以前から考えていたことで、別に「今太閤」への批判もしくは皮肉というわけではない。しかしもし偶然の一致があるなら、それをどう受けとるかは読者の勝手であって、私の関知するところではない。

秀吉は、明治政府によって「非徳川化」に利用され、また彼の生涯が明治型立身出世主義や国威発揚主義に適合し、さらに天皇中心政権樹立の「先駆的英雄」に祭りあげられた面があるので、かえってわかりにくい人物にされてしまった。そういう虚像を除いて、同時代評のみを見ると、当時の全日本人が、上下ともに好感情と悪感情のまじりあった、非常に複雑な感情を彼に抱いていたように思われる。

秀吉は確かに決断と実行の人であり、すぐ「わかった、わかった」という人物、当時の評によれば「太閤万事《ばんじ》早速也《なり》」（『老人雑話』）であった。これは、思考的な面に欠け、新しい方法論を全然探求しなかった人ということである。彼の方法は「改良信長《のぶなが》方式」ともいうべき方法で、彼は、生涯これを一歩も出なかった。そして後述するように、対外問題もこの方式で処理できると信じて疑わなかった。彼は、豪邸に住む庶民宰相であり、だれより強く黄金の力を信じていた。そして、彼は金をばらまいて関白になったというのが当時の人びとの実感であった。

秀吉は将棋の駒《こま》にさも似たり
　歩《ふ》の成り上がり　王に近づく
関白は位《くら》いによると聞きつるに
　金にてなるは　これぞ金箔《きんぱく》

成金だ、「関白」ではなく「金箔」だろうという評である。また彼は親孝行といわれるが、母親への愛情は、少し異常とも思えるほどの「母親っ子」で、生涯「マミー」「マミー」と言い暮らし、母のことといえば政務を放り出したり、卒倒したりするといった情動的な面があった。そして、そのようなまことに天真爛漫《てんしんらんまん》、陽性で気取らない一面があり、また非常に活動的・開放的なところがあった。その最も面白い例は、文禄《ぶんろく》三年（一五九四年）名護屋《なごや》における仮装行列〈注五‐1〉であろう。

秀吉は自ら百姓に扮《ふん》し、腰蓑《こしみの》をつけ、黒頭巾《くろずきん》・菅笠《すげがさ》のいでたちで「味よしのウリめされ候え……」と売りあるいた。徳川家康はあじか売り、羽柴秀勝《はしばひでかつ》は漬物《つけもの》売り、織田常真《おだじょうしん》は遍歴の修行僧、前田利家は高野聖《こうやひじり》となり、また蒲生氏郷は荷《にな》い茶《ぢゃ》売りとなって秀吉に茶をすすめて、代金を強く請求して人びとを笑わせ、織田有楽《うらく》は僧になって秀吉からウリを施《ほどこ》してもらいながら、いやこれは熟していないと文句をいったりした。中でも面白いのは前田玄以《まえだげんい》の比丘尼《びくに》〔尼《あま》さん〕で、この大男で肥満の比丘尼が、まじめくさって、人びとに念仏をすすめる姿はまさに最傑作であったという。

こういうことは、信長や家康からは想像できない。これから見ると『藩翰譜』の白石の描写は、誇張でないと思われる。と同時にこれらは、後述するようにある実情を示している。

彼は、的確な方法論さえ確立していれば、それに基づいて、目前の事態を実に手際よく処理できる人物であった。そしてその点では実に有能であった。このことをよく見抜いていたのは安国寺恵瓊《あんこくじえけい》であろう。彼は、吉川《きっかわ》・小早川《こばやかわ》両家が領地境目《さかいめ》の問題で秀吉と争おうとするのをいさめて、次のような手紙を送っている。

大《だい》なる事ハ、近年信長之《の》下ニても、羽柴《はしば》〳〵と申候《もうしそうろう》て、世上操《あやつり》をも、又《また》弓矢をも手ニ取《とり》候て、鑓《やり》をもつき、城をも責《せめ》候て被存《ぞんじられ》候。又少事《しょうじ》之儀《ぎ》ハ、小者《こもの》一ケニても、又乞食《こじき》をも仕《つかまつり》候て被存《ぞんじられ》候仁《じん》か、申成なとにてハ成間敷《なるまじく》候。日本を手《て》之内《うち》ニまワし候、今日まてハ名人ニて候。明日之不慮ハ不存候。今程《いまほど》御相手ニ御成候てハ如何《いか》と存候て、誠《まこと》夜も日も不明《あかぬ》やうに我等ハ存候。定而《さだめて》座敷之内にて、是程《これほど》ならば、芝田時、引切《ひききり》御弓矢ニさせられ候か。さまり、今もさせらるれは成事《せいじ》なと〵被仰《おおせらるる》仁も、十人ニ七八人ハ可有御座候。それも尤《もっとも》候。乍去《さりながら》、今之御操《おんあやつり》ニてハ破可申候。左候時、五日十日之内ニ、大分限《ぶげん》小分限ニよらす、境目《さかいめ》へ打出、短束をも被申仁ハ御座有間敷《あるまじく》候。秀吉ハ弓矢と被存候ハ〵、十日《とうか》之内ニ可被出候。左なく候共、来廿日比《はつかころ》ニハ可被下候。早々分別行候様ニ、境目御調《おととのえ》簡要ニ存候。〈注五-2〉

〔『大日本古文書・家わけ第八』所収、「毛利《もうり》家文書之《の》三」八六二号より〕

〈注五-1〉佐賀県東松浦《ひがしまつうら》半島の北端に、朝鮮進攻の前線基地としてつくられた名護屋城において催《もよお》された余興。名護屋城下には、渡海を控えた全国の武将が集結し、それぞれ陣屋《じんや》を構えていた。

確かにその通り、彼は「世上操」に巧みで「日本を手之内にまわし」た人、将来はいざ知らず、その時点までは「名人にて候」であった。いわば非常に優秀なドライバーであったが、方針と方向を模索する人ではなかった。

天皇を利用して自己の統治権を確立

白石が評しているように「秀吉、其《その》（信長）孤子《こし》を欺《あざむき》て国をば奪はれしかど、其組《そのくみ》せし人人、皆是《これ》信長の旧臣たれば、さすがにその子孫を絶《たや》さむ事も不レ叶《かなわず》」（『読史余論』第三巻「信長治世の事」より）であり、また諸侯は、建前としては彼の先輩・同輩・同盟者であり、そして当時は大きな重みであった身分においては、すべての人が彼より上だったといってよい。

従って純然たる部下として、諸侯を遇《ぐう》することは不可能であった。そしてたとえ諸侯に一応それを強制し得たとしても、諸侯の部下が、それを承認するとは思えず、それはただに、諸侯の家臣団等への支配力と統率力を弱め、時には統制不能を招来するだけであることを、彼は知っていた。

このことは島津竜伯《しまづりゅうはく》〔義久《よしひさ》〕とその部下拙斎《せつさい》との関係にでている。すなわち主人は降伏しても部下は降伏せず、逆に秀吉刺殺を意図するという形になってくるからである。従って前述の仮装行列であれ、北野《きたの》の大茶会〔一五八七年十月一日、京都の北野天満宮で催された〕であれ、さまざまな点で政策的な一面があったことと思われる。

〈注五－2〉 大意は以下の通り。「(秀吉という男は) 信長のもとにいたときも『羽柴、羽柴』とよく呼ばれていたし、また弓矢を取り、槍《やり》を突き、城も攻めていたので、世間の操《あやつ》り方も、戦いのこともよく知っている。また小さなことでは、下男《げなん》の体験から乞食の体験まであり、日本中を手の内にあしらう男である。その点にかけては、まさに名人である。毛利家に、これをあしらえるわけがない。

明日のことはともかく、現段階で毛利家が秀吉に立ち向かうというのは、無謀としか言いようがない。机上の作戦では成算《せいさん》もあるかもしれないが、その意気やよしとしても、とても勝てるとは思えない。なぜなら、戦いにおいて五日か十日のうちに境界線まで打って出ることのできる者など、いないであろうからだ。秀吉はとにかく機敏で、いざ弓矢のこととなると、十日のうちに出撃できてしまう。遅くても二十日ぐらいで必ず出撃してくる。だからさっさと交渉を妥結に持っていくことだ」。

そしてこれと裏腹《うらはら》の関係にあったのが、天皇尊崇《そんすう》であろう。すなわち、自己への忠誠でなく、天皇への忠誠という形で、自己の統治権を確立した。それが何よりも明確に出ているのが、諸侯に対して、天皇に起請文《きしょうもん》を出させ、この天皇から任ぜられた関白に従う、という形で、彼らのプライドをきずつけずに、彼らを服従させるという形をとったことである。この間のことは、中井積善《なかいせきぜん》が的確に論評しているから、以下に、この起請文と彼の批評を掲げよう。

敬白　起請

一、就《つき》二今度聚楽第《じゅらくてい》行幸一、被二仰出一之趣、誠以難有催二感涙一事、

一、禁裏《きんり》御料《ごりょう》所地子《じし》以下幷公家門跡《くげもんぜき》衆所々知行等若無道之族於レ有レ之者、為レ各堅加二意見一、当分之儀不レ及レ申、子々孫々《ししそんそん》無二異儀一之様可二申置一事、

一、関白殿《かんぱくどの》被二仰聴一之趣、於二何篇一聊不レ可レ申二違背《いはい》一事、

右条々、若雖レ為二一事一、於レ令二違背一者、梵天帝尺《ぼんてんたいしやく》四《し》大天王《だいてんのう》、惣《そう》日本国中六十余州大小神祇《じんぎ》、殊王城鎮守《おうじょうちんじゅ》、別氏神春日大《かすがだい》明神《みょうじん》八幡大《はちまんだい》菩薩《ぼさつ》天満大《てんまんだい》自在天神《じざいてんじん》部類眷属《けんぞく》神罰冥罰各可二罷蒙《まかりこうむる》一者也、仍《よって》起請如レ件

〈注五－3〉

彼の真の趣意は、第三条の、関白のいうことは何によらず違背せずと誓わせることであったろう。次にこれに対する中井の批評を挙げる。

王室の卑《いや》しきや尚《ひさ》し矣、豊臣氏有《あ》り、能《よ》く大節を執《と》り、盛事《せいじ》を挙げ、蒼生《そうせい》をして日月

〈注五－3〉この起請文（誓いの文書）は、『群書類従《ぐんしょるいじゅう》』巻四十一の、「帝王部」十三にある。秀吉は、聚楽第（自らの居城）を天正十五年九月に完成させ、大坂から転居した。そうして翌十六年四月には、後陽成《ごようぜい》天皇を招待したのである。これが世にいう聚楽第行幸《ぎょうこう》で、起請文は、この出来事をうける形で記されている。おおまかな意味は、次の通り。

「一、天皇陛下が、わざわざ、お出《い》で下さるのだから、感謝感激する。
二、公家も武家も、けしからん者には厳重注意を与え、現在だけでなく子孫にも同じくする。
三、関白殿の仰《おお》せには、いささかなりとも違背しないようにする。
以上の誓いを破った者には、神罰《しんばつ》が下るぞ」

の末光を仰《あお》がしむ、諸《これ》を応仁《おうにん》の間、凌替《りょうたい》の極に比するに、実に霄壌《しょうじょう》と為《な》す、祖宗在《そそうざい》天《てん》の霊慰《なぐさ》むる所無しと為さず、若《も》し夫の身閭伍《りょご》に発《おこ》りて、風雲の会、馬策を揮《ふる》ひて以《もっ》て群雄を笞《むちう》つ、戡定《かんてい》の勲《いさお》千古を蔑視す、初めより朝命に恃《たの》む所無く、而して恭順此《か》くの如《ごと》きは実に嘉尚すべきなり、然《しか》りと雖《いえど》も、陽《よう》には王室を尊《とうと》び、陰《いん》に己《おのれ》の威を樹《た》て、挟《はさ》んで以《もっ》て諸侯に令《れい》し、屋上建瓴《けんれい》之勢《せい》を成す、天下をして益々敢《あえ》て牛耳の命《めい》に枝梧《しご》せざらしむ、王家の勤労を以て盟首と為ると雖も、而《しか》も其主とする所、列侯をして己の令に違《たが》はざらしむるに在《あ》る耳《のみ》、仮《か》りて而《しか》して帰さず、是《こ》れ則《すなわ》ち憎むべし矣。〈注五－4〉

〔中井竹山（積善）著『逸史《いっし》』第六巻・天正《てんしょう》十六年の項より〕

確かに彼は、平和を招来した。これは真に立派である。だが、天皇に従うといって、それによって天皇の名で諸侯を圧服した。まことに「是れ則ち憎むべし矣」であろう。しかし、本当に天皇の名で諸侯が圧服できたであろうか。私はそう考えていない。というのは信長の時代には、彼の「勅旨を奉《ほう》ず」などという書面には、だれも一顧《いっこ》だにしていないからである。

白石は『読史余論《とくしよろん》』で、これを次のように酷評している。当時一本全体だれに、天子の命を慎《つつし》むなどという意識があったか、だれにもない、島津も北条《ほうじよう》もそういって書面は全く問題にしなかった。これは、鬼の面をかぶって子供をおどかすようなことだと。

さらに、信長自らが大納言《だいなごん》になり、信忠《のぶただ》を秋田城介《あきたじようのすけ》、秀吉を筑前守《ちくぜんのかみ》、河尻與兵衛《かわじりよへえ》を肥前守《ひぜんのかみ》等々に任じた。これも詐術にすぎない。まず信忠が秋田城介になったと中国・四国・九州の人間がきけば、信長はすでに奥州全土まで平らげたと思うだろう。また筑前守だの肥前守だのという名を東国の者がきけば、信長はすでに九州を平らげたと思うであろう。これは「先声を以て人を畏服せむとの、謀《はかりごと》」だ、と。白石の分析は正しいであろう。

〈注五－4〉 原文は漢文で、ここにあるのは著者による書き下し文である。大意は次の通り。「秀吉は、たしかに大義を守って、人々を天子の栄光に浴《よく》せしめた。戦乱の世とは天地の差がある。だが、しょせんは自分がかわいいだけの成り上がり者だ。皇室のことなど何も考えずに、天下を取った気でいたからだ。その意味で、大義を気にするようになったのは喜ばしいが、やはりそれは表向きの顔で、実際には天皇の権威を利用しただけである。憎むべき根性と言えよう」。

だが信長がこういう方法をとった背後には、長い戦乱に疲れ、どんな形でも一応の平和が到来してほしいという、民衆の「声なき声」があり、彼はそれを敏感に察知していた、と見るべきであろう。すなわち室町時代の一種の復古思想、また古代の天皇親政時代は、平和であったという素朴な古代礼賛の感情の利用であり、秀吉は、むしろ平和の希求というこの「民意」を天皇に集約させて、それによって諸侯を圧服した、と私は見る。そしてこの行き方もすでに信長の礼楽《れいがく》再興に見られるのである。

秀吉の民意操作の才幹と、その限界

秀吉は確かに庶民の民意を知り、従ってその動向に敏感であった。またそのため逆に、世論に過敏すぎて、民衆の信望を失う面もあった。前述のように当時の民衆が長い戦乱に疲れ、「秀吉の平和」を強く望んでいたことは事実である。従って古式の復活とか、聚楽《じゅらく》行幸の演出は、いわば「平和到来」の示威「和平ムードの盛り上げ」であったろう。

当時典型的な太平の時代と理想化されていた「延喜天暦《えんぎてんりやく》時代」を模《も》し、「それより此《この》かたは、君臣《くんしん》の礼儀かゝる目出度御代《めでたきみよ》はよもあらじ……いよ〳〵天下泰平なり」(『聚楽物語』)と言わせたことは、それを物語っている。平和とは一面いわば「レジャー時代」の

幕《まく》あけであり、娯楽の民衆化、一億「総ゴルフ化」ならぬ「茶会化」の時代でもあった。

北野の茶会はこの点実に面白い。これはまた別の面の「秀吉の平和」の誇示であり、推進でもあったろう。——身分の上下・貧富にかかわりなく望む者はだれでも、日本人だけでなく「唐国《からくに》の者までも罷《まか》り出すべし」。自分が数十年にわたって集めた諸道具を披露するから見に来い。また茶に熱心な者は若党・町人・百姓を問わず、釜《かま》一つ、つるべ一つ、呑物《のみもの》一つをもってこい。茶がなければ麦茶でよい。座席に畳は二畳、それがない者はゴザでもムシロでもよい。茶席は一切「順不同」——というのがその高札であった。

確かにこれも、聚楽行幸とは別のやり方の、「平和到来」をつげるにふさわしい企画であり、「和平ムード盛り上げ」であったろう。秀吉は、こういう「現象面の民意」はよく知り、それを利用してムードを盛り上げるのも巧みで、また「自分が一番よく知っている」という自負もあったであろう。彼は、そういう自負を抱いて然《しか》るべき理由があったし、それを十分に活用もした。

しかし、その方式は結局「信長方式」のスケジュールをそのままに実行に移す移し方が巧みだということ、すなわちハンドルさばきが実にうまいドライバー「日本を手之内にまわし」た「世上操《あやつり》」の……「名人にて候」にすぎなかった。

信長《のぶなが》の対明交渉は、なぜ朝鮮経由方式だったか

対外政策においても同じであったと私は見る。秀吉が何故《なにゆえ》に対明交渉を「朝鮮経由方式」で行なったか。その理由は非常にわかりにくい。足利幕府は、いわば直接交渉だからである。当時、どうしても朝鮮経由方式をとらねばならぬ理由があったであろうか。私の調べた範囲内ではない。

とすると、これも「信長方式」のそのままの踏襲にすぎないと考えざるを得ない。では一体信長はなぜ朝鮮経由方式をとったか、彼の場合は、その理由はごく自然なことであったろう。ではまず次にその経過を簡単に記しておこう。

信長は天正八年（一五八〇年）朝鮮仲介で、明国に日中貿易の再開を申し入れた。翌九年返書が来た。これによると信長の提案は㈠明へ通商を仲介してほしい、㈡朝鮮貿易の船の数を増してほしい、㈢船の大きさを制限しないでほしい、㈣薺浦《せいほ》を開港してほしい、の四つであったことがわかる。

ところがこれが全部拒絶された。しかし、この提案でも明らかなように、朝鮮とは貿易がつづいていたわけで、従って、対朝鮮貿易を盛んにすると共に、明とも貿易しようという意図であったと思う。

従ってこの場合、信長の本当の意図が、対明貿易の開始かそれとも対朝鮮貿易の増加かとなると、私はむしろ後者に重点があったのではないかと思う。彼はおそらく先方から、㈠は拒絶するが、㈡㈢㈣のいずれかは譲歩するという返事が来るものと期待していたと思われる。この目的は達せられなかったが、しかし、信長に外征の意図があったとは思えない。と同時に、秀吉の本当の意図も、信長同様に貿易であったと私は見る。

ナゾだらけの朝鮮出兵

では一体秀吉はなぜ朝鮮に攻め込んだのか？　この理由は、二十世紀の日本がなぜ中国に進攻し、どういう理由で南京攻略をやったのか？　なぜ真珠湾を攻撃したのか？　なぜ田中首相と新聞記者の大群が北京へ飛んだのか？　なぜそういう時に全日本人が「暗雲一気に晴れた」ような気持ちになるのか？　なぜ市民感情が条約に優先して、外相の一片の声明で日華平和条約を破棄しても一言の反論も疑問の提示も起こらぬのか？　等々といった問題の解明ぐらい不明な点が多い。

後代はいろいろと合理的解釈をする。しかし同時代の知識人には「全くわからない」という点が確かにあったようである。というのは同時代には、秀吉の愛児鶴松《つるまつ》が死んだうさばらしであろう、という説まであるからである。

鶴松の死が天正十九年（一五九一年）八月五日、近衛関白三藐院《さんみやくいん》の日記によると朝鮮出兵準備開始が六日、従ってその死が動機で、外征で気をまぎらそうとしたのだろうという説だが、おそらく事実ではあるまい。逆に、愛児の病気のため、準備開始がおくれたと見るべきであろうが、そういう噂がとぶほどに、当時の人々はこの戦争の理由がわからなかったらしい。

といって、秀吉に、非常に早くから外征の具体的計画があった、否《いな》、すでに信長にあったと見る見方も、誤りであろう。確かに倭寇や商人からの情報はあり、国内を統一したら海外に雄飛したいという夢はあったであろう。それは現に多くの日本人が海外に進出していた当時の情況からみて、少しも不思議なことではない。しかし秀吉に、本当に具体的計画があったかどうかとなると、私は非常に疑問に思っている。

しかし秀吉が、具体的意図乃至《ないし》計画を語り、かつ記しているのは事実だから、まずそれを検討してみよう。彼は天正十三年（一五八五年）に、ガスパロ・ケリヨーに中国征服の意図を語り、十九年ゴアのインド副王にインド攻略を示唆《しさ》し、「(私は) 大明国を治めようと志《こころざ》している。他日、戦船を並べて中国に到ること、掌《たなごころ》を指すが如し、その便路をもってその地にも赴《おもむ》くべし……」と言っている。

また同十九年フィリピンに朝貢を命じ、文禄二年（一五九三年）には台湾にも朝貢を命じている。しかし、これらは一面、外交的恫喝《どうかつ》乃至は示威であり、同時に国内向けの宣伝と見るべきで、具体的計画と考えるべきではあるまい。

「天皇を北京に送る」という構想

しかし、これらよりはるかに具体的な計画と見られる文書も残っている。『箱屋文書』がそれで、これはすでに朝鮮への進攻がはじまった後にかかれたものだが、それでは次のようになっている。

まず中国全土を占領したら、天皇を北京に送り、北京の周囲十カ国をその領地として献上する。中国関白には秀次《ひでつぐ》がなり、彼が政務を統括する。日本の内地総督《そうとく》には皇太子または八条宮《はちじょうのみや》がなり、日本関白には宇喜多秀家《うきたひでいえ》か羽柴秀保《はしばひでやす》がなる。以下、九州はだれ、朝鮮はだれと細かく区割りされて箇条書になり、太閤すなわち秀吉自身は、寧波《ニンポー》に位置する——これはおそらく、日中双方ににらみをきかせ、かつ南方へも進攻する場合の用意であろう。

当時は、朝鮮進攻のはじめであり、彼は、毛利家へ送った書にも「大明国を制圧するのは卵の山を圧《お》しつぶすようなものだ」と書いており「天竺《てんじく》・南蛮《なんばん》も同じこと」とのべているころのものである。とすると、これは一見彼の具体的計画のように見えるが、はたしてそうであろうか。選挙区の区割りとか、細かい資金計画とかいったような、具体性のあることで夢を描くのは、秀吉のようなタイプの人にはありがちのことで、しかも彼の右筆山中橘内《ゆうひつやまなかきつない》の、おそらく聞き書きのカナ文書だから、自由な放言と見た方があたっていよう。

しかし、この計画を秀吉自身が口にしたことはほぼ間違いない。そしてこの中に、彼の対外認識の程度、その失敗の理由、日本人が対外折衝——特に中国関係——で必ずつまずく点が、そのままに出ている。彼は一見、非常に視野が広く国際的認識の豊かな、気宇《きう》広大な人間に見える。しかし、外国は日本ではない、ということが理解できず、人間は全部日本人で、世界は全部日本式だと思っているわけである。

特に朝鮮を九州・四国と同列においているのが興味深い。彼は、四国に進攻して長宗我部《ちょうそかべ》家を討った如く、九州に進攻して島津家を討った如くに、朝鮮に進攻しているのである。たとえば四国に進攻する、元親《もとちか》は降伏する。すると彼は元親に土佐《とさ》一国を与え、他は軍功ある将士に分与する、そして元親は彼の忠実なる部下となり、次の戦争では彼の先鋒《せんぽう》をつとめる――といった図式で彼は国内問題を処理してきた。事実、朝鮮に進攻している者の多くは、かつて彼に敵対した者である。

この『箱屋文書』で見ると、彼は、この方式のままで東アジアを処理できると考えた――というより、彼には、新しい考え方、新しい方針、それに基づく新しい方法論の探究は全くなかったし、それが必要だという認識すらなかった――と考える以外にない。すると、彼が提示した講和条件のうち、「朝鮮八道のうち北四道と漢城《かんじょう》〔現在のソウル〕を朝鮮王に返す」の条項は、何を意味していたのであろう。いや、彼はそのとき内心、何を考えていたのであろう。おそらく彼は、四国と朝鮮の区別がつかなかったのであろう。ちょうど全四国を占領した上で土佐一国は元親に与えて、これを恩顧《おんこ》の大名として部下に加えた如くに、朝鮮全土を占領した上で北四道と漢城を朝鮮王に返せば、朝鮮王は元親同様に「豊家《ほうけ》恩顧の大名」の一人となって、対明進攻の先鋒をつとめるであろう――これが恐らく彼が考えていたことであろう。

以上は『箱屋文書』と講和条件の一ヵ条からの推定であるが、この推定はおそらく誤りがないであろう。しかし、二十世紀の日本人にも、彼を批判しかつ嘲笑する資格はないであろうと私は考えている。

『箱屋文書』は、確かに秀吉の言葉の収録であり、以上のような分析の資料としては非常に面白い文書だが、これをそのまま秀吉の具体的計画と考えるべきではあるまい。すなわち彼は、国内問題の処理方式をそのまま外部へ持ち出したにすぎないのであって、明確な「外征」及び「対外折衝」という意識はなかったと見るべきである。

そしてこの点で何よりも興味深いのは、天皇を北京へ移すという彼の考え方である。確かにこれは空想的構想であろう。しかし空想的構想であるがゆえに余計にはっきりと彼の考え方が出ていると見るべきである。中国は日本よりはるかに広い。しかし「裏返しの属国意識」とでも言うべきものがなければ、こういう構想は出てこない。

確かにオランダは小さくインドネシアは広い。しかし植民地時代にも、オランダ王をジャワへ移すという構想はなかった。確かに同国ではインドネシア総督の地位は高く、その席は国王の次であった。しかし、国王がインドネシアに移って、皇太子が本国を統治するという考えは、空想的構想にも出てこない。またイギリスにとってかつてインドがいかに大切であっても、またイギリス王がインド皇帝は兼ねたとしても、王座をロンドンからニューデリーに移すという構想はない。

秀吉の、その空想的構想において、皇太子が中国総督になるというのなら不思議でないが、天皇自身が北京に移り、日本国内には皇太子が残るという構想は、ある意味では特異なこと、また別の意味では当然のことといわねばならない。これは、彼が無意識のうちに、北京が「主」で、日本は「従」だと考えていたことを示しているからである。従って彼にとっては、「天皇を奉《ほう》じて京都に入る」ごとくに「天皇を奉じて北京に入る」のであり、そしてその先鋒は、北四道を与えられた朝鮮王がやってくれるはずであったのだろう。

秀吉の意識が「中国従属的」だったといえる理由

国内処理と対外折衝の区別がつかず、北京が「主」で日本内地が「従」と考えている人間、それは、日本人から見れば気宇広大な、全アジアを呑《の》む気概のある人物ということになるであろう。『箱屋文書』はそのように解され、これが発見されたとき、わざわざ明治天皇に見せたといわれる。

しかし、そういう人物を中国人が見たらどう見えるか、ということは、秀吉の時代から今に至るまで、日本人は、だれ一人として考えてみなかったらしい。こういう点は日本人の実に興味深い一面だが、中国から秀吉を見れば、それは、日本が中国の属国たることを自認している人間に見えてしまうのである。

事実、日本と中国の区別がつかず、朝鮮・四国・九州を同一視し、北京が「主」で日本の本州は「従」だと規定する人間を中国側から見れば、そう見ざるをえなくなるのが当然である。そしてそう自認している人間には、「爾《なんじ》ヲ封ジテ日本国王ト為《な》ス」〔四章143ページ〈注四-8〉を参照〕というのが、当然の礼儀であろう。先方から見れば、秀吉の考え方は、「そう言って下さい」と要請しているに等しいからである。そこで中国はその要請に応じた。すると秀吉は激怒し「太閤万事早速也」とすぐ再び朝鮮に出兵した〔慶長の役〕。

そしてこの再度の出兵の目的や具体的計画となると、南京城総攻撃同様、さらに理由はわかりにくい。何より気の毒なのは講和全権の沈惟敬《しんいけい》で、彼はこの講和失敗の責任を問われて処刑されている。

以上の点から見ると、秀吉の意識は山鹿素行の『中朝事実』の型、いわば「明朝派の反発派」に近い。この意識は大体公家の伝統で、武家の伝統ではない。秀吉は前述のような民衆の平和希求を「延喜天暦《えんぎてんりやく》の平和時代——天皇」に集約させ、その天皇・公家の権威を背景に諸侯を圧していたわけで、義満のように、必要ならば天皇の文化的権威も中国の文化的権威も共に認めます、というわけにいかなかった。

すなわち二つの中国を共に承認するだけの政治的権力を持ち得なかった。天皇の文化的権威に依存する関白という立場は、将軍と違って公家的立場であり、当然彼は、貿易上必要なら形式的朝貢は一向にかまわないとはいえなかった。

従って彼は、清盛とは逆で、当時激怒した公家たちの如くに激怒したわけである。しかしそのときのべたように、激怒する公家が実は最も中国的であった如くに、彼も中国に従属的であったわけである。

この明朝派の中の従属派と反発派の関係は、今の日本の、毛沢東心酔派左翼と日本共産党との関係に、おそらく似た点があるであろう。すなわち中国側から見れば、同じ党で同じ考え方なら従属するのが当然なのである。しかし日本側から見れば、同じ党で同じ主義であるが故《ゆえ》に対等なのである。明朝派内の両派の関係はそれである。「今太閤」は案外、宮本顕治《みやもとけんじ》氏かもしれぬ。

明は講和成立を疑っていなかった

しかし秀吉は、公家でも共産主義者でもなく武家であり、黄金を蓄積した「金箔」であった。実際問題はまた別である。しかし実際問題となると彼は、どうしても、国内・国外同一視という誤りをおかさざるを得なくなるのである。それは、彼の提案した講和条約の第一条であった「明の皇女を日本の天皇の妃《きさき》とすること」。これは非常に面白い発想だが、しかしこれをもって彼を「国際結婚の先駆者」とも「アレクサンドロス型文化融合結婚の推進者」とも見るわけにいかないであろう。

日本史上、まさに例外的ともいえる天皇家の「国際結婚」計画は、ただ、彼に「国際」という概念がなかったことを示すにすぎない。彼にとってこの結婚は、戦国時代から当時まで頻々《ひんぴん》と行なわれた諸侯同士の政略的通婚と全く同じものであったに相違ない。おそらくこれは武家的発想である。

しかしこの提案は、明の側から見れば、周辺の半従属国からする皇女降嫁《こうか》の奏請にすぎず、辞《じ》を低くしてひたすらたのんでも、諾否《だくひ》は、明の朝廷の一存によってきまることであり、「条件」となりうることではなかった。

そして第二条が勘合《かんごう》貿易の復活であった。しかしこれも、形式的にでも朝貢すれば応じることもありうるということにすぎなかった。

従って、以上の提案は、もし秀吉が真剣にこれを求めているなら、まず日本国王に封じられることが、彼らにとっては、異論の余地ない先決問題であった。従って、明の使者が、「特ニ汝ヲ封ジテ……」という、錦《にしき》に書かれた立派な文書をもってわざわざ日本まで来たのは、まことに当然すぎるほど当然であった。決裂とわかっていたら、彼らはやって来ない。足利時代とちがって当時、彼らには、自分の方から特に日本に働きかける必要は全くなかったといっても過言ではなかった——秀吉が軍を進めさえしなければ……。彼らは講和成立を夢にも疑わなかったであろう。

そしてこのまことに奇妙な錯誤の連続は、明治以降も、全く飽《あ》きもせず何回も繰りかえされるのである。

六章

朝鮮の後ろには中国がいた

――新井白石《あらいはくせき》が朝鮮来聘使《らいへいし》問題に見せた傑出した外交感覚

中国を絶対視しなかった白石

筑後守《ちくごのかみ》（白石）儀、古今に通じ博識の者にて御座候《ござそうろう》、世間に博識の者多《おおく》候《そうら》へ共《ども》、多は中華の事迄《まで》に博《ひろく》御座候処《ところ》、筑後守は日本の事に殊外《ことのほか》委敷《くわしく》、和漢の事《こと》引合候て、能《よく》弁じ申《もうし》候。

室鳩巣《むろきゅうそう》の（新井）白石評である。何回も記したように当時（十七世紀後半から十八世紀にかけて）は「中国化時代」であり、中国が絶対の権威であった。確かにこれに対する反発はあったが、しかしそれは『中朝事実』型の反発、いわば「日本こそ真の中国」という考え方で、「理念としての中国」を絶対の権威としている点では、別に変わりはなかった。また秀吉も、前章でのべたように、中国から見れば、自らを中国の属国と自己規定しているに等しいのである。

そして白石の態度は、これらのいずれとも違っていて、中国文化に深い敬意を払い、それの日本への影響をはっきりと認めつつも、中国は中国、日本は日本という態度をとっていた。そして従属でもなく、劣等感から生じた反発でもなく、真の意味で「対等」という意識をもち、両者はそれぞれ独立した国であるからお互い違う。そこですべてにおいて対等にねばり強く「交渉」し、先方の主張も聞き、当方の意見ものべる、そして合意に達すべきだ、という態度を終始とっている――こういう態度は実に白石が最初にして最後かもしれぬ。白石はまた天皇・公家に対しても、ほぼ同じ態度をとっている、と私は見る。

もちろん白石が交渉した相手は朝鮮であって中国ではない。しかし、当時日本と中国は「政経分離方式」で貿易をしており、修交は日本から申し込んで返事がないという状態なのだから、いつ「日中国交回復」が議題にのぼるということになるかもしれない。白石の朝鮮との交渉、見方によっては、何の理由でこんな細かいことまで一つ一つ修正を求めるのかと不思議にすら思われる交渉〔将軍の呼称問題や朝鮮使節応対についての変更など〕の背後には、「対中国交渉の先例」という意識が、常にあったと私は思う。

確かに中国は、朝鮮と比べれば超大国である。従ってその交渉における彼我《ひが》の比重は、朝鮮の場合よりはるかに日本が軽くなることはやむを得ない。従ってその交渉の結果が、朝鮮と同様であって成功である。朝鮮との間ですでに決定された先例以下の状態で、中国が日本と国交を回復することはありえない。中国はいうであろう、「朝鮮にこうしたのに、なぜわが国にそれを拒否するのだ」と。この言葉への反論は、当時の東アジアにはない。そして朝鮮との状態をそのままにしてこの言葉を受け入れれば、それは単に屈従だけでなく、国内的に大きな問題を引き起こす。

このことを念頭におかないで白石の対朝鮮交渉を見ると、彼が、ただただ細かい点をあげつらって、徒《いたず》らに朝鮮を困惑させたとしか見えないであろう。そういう見方は当時もあり、その人びとの批判のため、彼は辞職すら決意している。そして同じ批判は今もある。

だが白石が「対中国交渉の先例」という点で、譲りうるぎりぎりの線でもちこたえ、執拗なまでにねばり強く交渉したのは、もちろん、理由のないことではない。そして外交交渉とは元来そういったもののはずである。

雨森芳洲《あめのもりほうしゅう》を「なま学匠《がくしょう》」と罵倒《ばとう》

彼こそ「日中両国」を、比較文化史的な目で見得た最初の日本人ではないかと思う。鳩巣の「和漢の事《こと》引合候て、能《よく》弁じ申《もうし》候」は、その一端を示していよう。彼は、『読史余論』では中国を基準にして日本を批判してはいない。もちろん理念としての中国を基準に日本史を再構成し、それで同時代を批判したり、また逆にそれで現実の中国を批判したりするようなことは全く、やっていない。

だがこの問題はまた別の機会に譲るとして、ここではただ、彼は、もし交渉がはじまるなら、「日本は日本」「中国は中国」という立場で交渉を開始できるよう細心の注意を払ったのであろう、というにとどめよう。

もちろん白石の態度の背後には、正貨流出という経済問題も作用した。また白石に強硬に反対した対馬《つしま》の宗《そう》氏（幕府の朝鮮交渉を仲介する立場にあった）にも経済問題があった。『経済録拾遺《しゅうい》』（太宰春台《だざいしゅんだい》）の「当代にも、昔より売買にて国用を足《た》し、禄食《ろくじき》に代《か》ふる国あり、対馬侯は小国を領して、僅《わずか》二万余石の禄なるが、朝鮮人参《にんじん》、其《そ》の他諸《もろもろ》の貨物《しろもの》を甚《はなは》だ賤《やす》く買入れ、一国にて占《し》めて、甚だ貴《たか》く売り出す故《ゆえ》に、二十万石の諸侯に比して猶《なお》余裕あり」が事実ならば、その家老平直賢《たいらのなおかた》の反対、また儒臣雨森芳洲《あめのもりほうしゅう》・松浦霞沼《まつうらかしょう》の、白石の態度を腹にすえかねたともいえる反論、それに対する白石の「なま学匠《がくしょう》」という一種の罵倒（『折《おり》たく柴《しば》の記《き》』）も不思議ではない〈注六－1〉。

従ってこれらを、彼が、単なる学者ぶりから、先例・故実《こじつ》に執着して、無意味かつ偏狭に主張したと見るべきではあるまい。

また彼の態度を、朝鮮への蔑視と見るべきでもないであろう。中国・朝鮮への蔑視は明治以降のことで、徳川時代には庶民に至るまで中国・朝鮮尊崇であった。これはただ中国を絶対の権威とした学者にだけ見られる傾向でなく、広く一般的民衆的な、ごく自然な感情であった。

徳川時代の日本人は「中国」などという失礼な言葉は使わなかった。「中華《セントラル・グローリアス》」の「中」は中国では中央に位するの意味であろうが、日本語ではミドルの意味である。従って「中国」は「ミドル・クラスの国」という意味になるから、彼らは中国といわず「上《じょう》国《こく》」といった。

この「上国」思想は、非常に根強く日本に残っている。日本人は常にどこかに「上国」を求める。今の日本〔一九七〇年代前半当時〕では、おそらく北ベトナムは上国、南ベトナムは下《げ》国《こく》、北朝鮮は上国、南朝鮮は下国ということであろうが、こういう分類と平生《へいぜい》の日本人の主張――たとえば非武装、言論の自由、表現の自由、出国の自由等々――とが、全然無関係なのは興味深い。

徳川時代の日本人は、この「上国」すなわち絶対的権威ある聖人の国には、泥棒も乞食もいないと心から信じていた。そして明治になって、実際にその地を旅行して驚くのである。しかしそれでも「上国」への信仰は消えず、徳川時代の考え方をひきついで、こうなったのは満州族が悪いので、これは真の中国の姿ではないと考える。従って日清戦争は侵略どころか「滅満興漢《めつまんこうかん》」の義戦と規定していたことは『愛弟通信』（国木田独歩）にも表われている。

この方の「上国」思想もまた、今なお残っているであろう。これはやはり、日本国はじまって以来の伝統だから、日本人の平生の「借りもの」の主張との矛盾などでは、消えないであろう。これから見れば、こういう矛盾すら何ら感じなかった徳川時代の「上国」思想がどれほど徹底的であったかは、想像にかたくない。従って白石の態度を、蔑視の結果などと見るべきではあるまい。

〈注六－1〉 正徳《しょうとく》元年（一七一一年）、徳川家宣《いえのぶ》の六代将軍職継承を祝す朝鮮来聘使《らいへいし》（通信使）を迎えるにあたり、白石は、朝鮮国王の国書の宛名を「日本国大君《たいくん》」から「日本国王」と改めること、さらに接待の簡素化、経費節減、礼式の格下げ等を朝鮮側に通達するよう対馬藩に命じた。この際、対馬藩の儒官であった雨森芳洲（木下順庵《きのしたじゅんあん》門下で白石の後輩）は、とりわけ国号問題で反論し、両者の間で大激論となった。白石はよほど腹に据えかねたとみえ、後年、その自叙伝である『折たく柴の記』に、「対馬にありつるなま学匠等が、知るにも及ばで、とありかくありといふ」と記した。

白石が一歩もひかなかった原因

白石が対朝鮮交渉とその背後に想定していた対中国問題の処理において、何故《なにゆえ》あのように一種の強硬な態度を保持しつづけたか。理由は両国自体にもあるが、またそれ以上に、日本の国内にあった。そういう意味では、白石の目は国内に向いており、その態度は「外交」であると同時に「内交」であった。日本には「内交」があっても「外交」はないなどといわれるが、これは「内なる中国」を建国以来保持しつづけた国の一つの歴史的宿命であろう。

当時、中国を基準にして日本の歴史を断罪し、天皇は中国型皇帝の位置にあるべきで、従って幕府は非合法政権であるとする見方・考え方は、すでにはじまっていた。では一体幕府は、いかなる位置において対外交渉をすべきであろう。確かに白石のように「公家権」「武家権」という考え方に立ち、天皇は武家が創り出したものだから大切にすべきで、両者は別々の権限をもって併存するものと想定し、それが「日本」なるもので「中国」とは基本的に違うという事実をそのまま事実として、これを根底においていた者には何の問題もないのかもしれない。

しかしたとえ白石が、そういう立場をとったにしても、対外的には、特に対中国という点では、外交交渉が即座に「幕府とは何ぞや」という難問に転化せざるを得ない実情は無視できない。当時の日本人にとっては、どう形を変えようと、考え方の基準は中国しかない。

しかし「幕府」というものは、中国人の概念には存在しないものなのである。たとえばここに「封冊《ほうさく》」という問題が起こったらどうなるか。もちろん『中朝事実』的な「日本こそ中国」論者は、黙っていない。真の中国である天皇を差しおいて、中国でもない満州族国の封冊をうけるなどということは、彼らには絶対に許容できない。

では、対等の立場で中国と交渉したらどうなるか。これは第一に中国はうけつけまいし、第二に、天皇は中国型皇帝であるべきだと考えている者もうけつけまい。将軍は中国皇帝と対等であるという立場は、「自分は天皇である、乃至《ないし》は天皇より上である」という宣言に等しいからである。

「外なる中国」と対等なものは、百歩譲っても「内なる中国」しか存在しないはずであるし、第一、「中国」とは絶対的な権威だから、「中国」という概念自体が、対等という概念と両立しないのである。これは一転すれば、幕府存立の基礎にかかわってくる問題である。白石が来聘使《らいへいし》問題で、一歩もひかないという態度を示した原因は、ここにあったと私は考える。

白石が拠《よ》って立った、ものを見る基準

当時の日本人は、日本を基準に中国を見るということができなかった。基準はすべて中国で、中国を基準に、あるいは中国の基準と考えたものを基準に日本を見、中国を見た。一見これに反発したように見える者も、結局は、中国の基準で再構成した過去の日本を基準に、日本と中国を見た。これがいわば尊中・尊皇思想である。これはちょうど、明治以降の日本人が、西欧から輸入した思想を基準にして日本を見たのとよく似ているが、だがこの二つの見方は必ずしも同じでない。というのは当時の日本は「幕府国」であり、この存立の基礎は借物《かりもの》の体制や思想でなく、日本人が自ら生み出したものであった。日本は、その意味で独立国といえ、独自の国といえた。白石ははっきりと「武家」の伝統に立ち、これを肯定し、これを「日本」なるものの中枢におき、武家の基準を基準として歴史を見ていることは、『読史余論』を見れば明らかであろう。

彼は中国をよく知っていたが、それなるが故《ゆえ》に、中国の基準で日本を見、中国の基準で自国の歴史を再構成するようなことはしなかった。そういう人であって、はじめて「日本

の基準で日本を見、同時に中国の基準で中国を見る」ことが出来たわけである。簡単にいえば彼は、モンテスキューの基準をもっていたわけである。現代の日本人に白石と同じことが出来うるかどうかは甚《はなは》だ疑問である。

いずれにしても、この「日本の基準で日本を見、中国の基準で中国を見」て、はじめて「交渉」が生まれるはずである。白石の交渉の仕方、字句の一言一句まで取りあげ、その意味内容を一つ一つ検討して、訂正を求むべきものは徹底的に訂正を求めるという行き方は、「西欧的」な感じさえするが、これは、何も西欧とは関係なく、二つの基準を認め、同時にその間に共通点を求めようとするなら、だれでも必然的に行なわざるを得ないことのはずである。

もちろんこれは、彼が問題にした字句の、彼の解釈そのものが正しかったという意味ではない。この点では確かに問題はあろうし、あるいは彼が「なま学匠」と罵《ののし》った人びとの解釈の方が、正しかったかもしれない。だが、それで、この問題に対する彼の基本的態度が正しくなかったということはできない。

そして彼のこの態度は、当時の日本では理解されず、またおそらく今の日本でも理解されていないようである。そしてそれは、この問題に対する当時の白石への反対論と、現代の日本人のこのことへの見方が示している。

琉球国の国書問題における白石の態度の違い

白石はいかなる面から見ても偏執狂的な狂信者ではない。また理由なき頑愚《がんぐ》といった面は皆無である。特にこの場合、そういう見方は全くあたらない。確かに彼は国内問題でも異常に細かく先例を調べ、儀礼を調査し、『経邦典例《けいほうてんれい》』を著わして、すべてを細かく制度化しようとした。

しかしこれは、武家を基準に一つの「社会秩序」を制度として打ち立てるべく律法化しようとしてその典拠を先例に求めたのであり、その制度自体は今の基準からすれば無意味に見えるからといって、当時もそのこと自体が無意味だったとはいえない。彼は無意味な議論を実に嫌った人であった。

たとえば正徳二年（一七一二年）に林信篤《はやしのぶあつ》が、年号に「正」の字を使うことは不祥であると、古い典拠に基づいて老中に進言したのを、彼は次のように反論している。

是君子《これくんし》の論にはあらず、天下の治乱《ちらん》、人寿《じんじゅ》の長短のごとき、或《あるい》は天運にかゝり、或は人事によれり、いかむぞ年号の字によりて祥と不祥とあるべき、……正の字用《もち》ひられずとも……（徳がなければ）其国《そのくに》を失ひ、其身《そのみ》を滅《ほろぼ》し給《たも》ふ事なかるべしや、……正の字まことに不祥ならむには、古《いにしえ》の代より此《この》かた毎年に不祥の月をもて始《はじめ》とするなればば（不祥なり）。……（正の字を年号に用いても）不祥の事のみありとも見えず、……（正の字を用いなくとも滅びたのは）年号の字によれりとはみえず、〈注六－2〉

〔『折たく柴の記』〕

白石が先例とか典拠とかいう場合、それは自分の考え方を、それによって正当化していい

〈注六－2〉口語訳は以下の通り。「これ（林信篤の進言）は、君子の論ではない。天下の治乱や人の寿命の長短は、天運、あるいは人事によるのであって、年号の字によって祥と不祥が決まるわけではない。年号に正の字を用いなければ、その国や、その身を滅ぼさないですむなどということがあろうか。そもそも正の字が不祥というなら、古代より毎年毎年、不祥の月から始まることになるが、だからといって毎年毎年、不祥のことばかりが起こっただろうか。祥と不祥が年号の字によって分かれるとは、とうてい考えられない」。

るのであって、先例・典拠だからという理由だけで、何かを主張したり、何かを採用したりしているわけではない。

従って来聘使《らいへいし》問題における典拠の「解釈」も、これと同じで、彼には、自分の考え方が先にあって、これを逆に典拠で正当づけて反論を封じたと見るべきであろう。従って純然たる「典拠」という面から見ていけば、その根拠は相当に薄弱である。おそらく彼はそれを知っていたであろうし、典拠という点で、自分の言い分に完全な正当性があるとは、おそらく彼自身も考えていなかったであろう。そしてこれが、彼のやり方が一種「強引」で「頑固《がんこ》」だという印象を与える理由であろう。

この点、朝鮮来聘使問題と、琉球国の国書の問題における彼の態度の差は非常に興味深い。『折たく柴の記』には次のように記されている。

十一月（正徳四年・一七一四年）には、琉球の使《つかい》来て、御代《みよ》をつがれし事をも賀《が》しまゐらせ、其《その》王（二十六代琉球国王・尚敬《しょうけい》）の代をつぎし事をも謝《しゃ》し奉《たてまつ》る。これよりさき琉球より奉れる書法は、我国にて往来する所のごとくなりしを、其王尚益《しょうえき》（前代）が代より其書漢語を用ひ、書函《しよかん》（国書を入れる箱）の式等も改《あらたま》れり。〈注六－3〉

〔『折たく柴の記』〕

しかしその書式・表記等に白石は不適当と思われる点を認め、「ありし御代のごとくならむ事は、国体《こくたい》におゐてもしかるべし〔今までどおりのほうが、よいであろう〕」〔同書〕と考える。白石がこの点非常に神経質に見えるのは、もちろん琉球の背後に中国を見ていることと、漢字の「意味・用法」が、日本と中国では違うという点なのである。

従って、何か問題が生じ、琉球王国が先例となった場合、日本の「書法」で日本の「書函」なら、これは「日本の用法でこれこれの意味だ」と主張できても、中国の形式をとる以上、それは主張しても通らないことを彼は知っているからである。

たとえば「台の字の事、我国にてこそ、大臣の事に限りて、称《しよう》する事なれ、これも異朝

〈注六－3〉 以下、口語訳。「十一月には琉球の使者が来て、家継《いえつぐ》公が御代を継がれたことをお祝い申し上げ、琉球王が代を継がれたことをも謝し奉った。これより先、琉球より奉った書法は、わが国で通用している書法と同じであったが、先代の王よりその書に漢語を使い、書函の様式なども改まった」。

にては、よのつねの人に通じ用ゆる事、たとへば我国にて御の字を通じ用ゆる事のごとし」〈同書〉であるから、と。

この点、彼と比較すること自体無理とは思うが、現代の日本では、首相にも一部のジャーナリストにも、こういった配慮をする能力すらないように思われる。

従って琉球王国の国書の「書法」はあくまでも「日本式」が望ましいのだが、彼はこれを「要求」すべきことではないと考えているのである。そして「たゞなにとなく、薩摩守《さつまのかみ》に仰《おおせ》られ候《そうろう》べし〈それとなしに薩摩守におっしゃるように〉」〈同書〉で、内々に、当方の希望を伝えようというだけなのである。

琉球王国の使者はその内意を伝え聞いて「我国の書式改《あらたま》りし事は、前文に文たつとばせ給《たま》ふ由聞《よしきこ》えて、先王敬《けい》を致せる所也《なり》、只今承《ただいまうけたまわ》る所のごときは、是《これ》より後、たゞ旧《きゅう》章《しょう》〈昔からの書式〉によりしたがふべきに候〈注六－4〉」〈同書〉ということで、何の問題もなく解決している。

これは来聘使問題への彼の態度と非常に違うのであって、この点でも、彼の態度は、たびたび「先例」に固執した頑固でもなければ、単なる強圧的な態度でもないのである。琉球問題も、対中国という関係では当時は実に微妙な問題だったはずであり、詳述はしないが、彼のこの態度は実に合理的であったと私は考えている。

外交と内交の間の秘密

以上大分《だいぶ》前置きが長くなったが、これは白石が、朝鮮来聘使問題で、なぜあのような態度をとったか、その心底を明らかにしていないからである。もちろん、彼の真意を言ってしまえば、彼の企図はすべて水泡《すいほう》に帰《き》してしまう。「秘密外交」といえば確かに一種の秘密外交だが、「外交」よりもむしろそれから必然的に派生する「内交」において、また両者の関連において、こういう「秘密」は常に外交に付随するものであろう。従ってその真意は不明なので、今ではすべて推定する以外に方法がない。従って私がなぜ以下のように推定したかの論拠の一部をまず紹介したわけである。もちろん論拠はこれだけでないが――。

〈注六－4〉 以下、口語訳。「わが国の書式が改まったのは、前の書状に文章を尊ばれるということがあったので、先王が敬意を表した結果である。ただいま承るとおりであるなら、今後は旧例の通りにしましょう」。

では以下に『折たく柴の記』の来聘使問題の部分を、敷衍《ふえん》意訳して、解説とともに記すから、前記のことを頭において読んでほしい。

「このことは前にも記したが、世の人びとが自分のことを何やかやと言うようになったのはこの事件からであるから、その大要《たいよう》をまたここに記しておこう。まず秀吉が朝鮮に進攻した後、家康が関ヶ原《せきはら》で勝利を得た年の翌年（慶長六年・一六〇一年）、家康は対馬の宗氏の臣井上六左衛門《いのうえろくざえもん》を朝鮮に送って、足利時代のように、善隣友好の関係に入りたい旨申し入れたのだが、朝鮮国は君臣ともわが国を深くうらんで、いろいろ申すこともあって、丁度、朝鮮撤兵からの十年後に、はじめて使者を送ってきた。ところがこちらは徳川政権樹立の時で、到底《とうてい》礼をあつくして迎える余裕などなかった。そして綱吉《つなよし》のとき（天和《てんな》二年・一六八二年）に来た来聘使の迎え方は、家光のとき（寛永《かんえい》元年・一六二四年）の先例によったものと思われる。だがそのときは、昔わが国に外国から使者が来たときのこと、使者が外国に行ったときのことなどを、参照したとは思われない。いわば急場の間にあわせに適当にやったわけだから、国のあり方その他から見て、不適当と思われることも多かった」

朝鮮の背後に中国問題を見た白石

以上および以下の文章へと進む前に、「白石」と「対馬」の関係を頭に入れておかねばならない。対馬は今では多くの日本人には関心のうすい離島であろうが、当時は幕府、すなわち日本国政府の「対朝鮮外務局」のような存在であるとともに、「対朝鮮輸入総代理店」ともいうべき「商社」であった。

前に引用した春台《しゅんだい》の記述が正しいなら、宗《そう》家の収入の九割は、この「商社活動」によって生じたもので、もし何らかの事情で、朝鮮側が貿易中断という挙に出れば、宗家は破産必至であったろう。従って対朝鮮問題は、彼らにとっては死活問題である。そこでどうしても白石に対しても神経質にならざるを得ない。

それだけでなく「先例」によれば、外交事務は彼らの所管だから、どういう問題にしろその問題への白石の態度は、琉球王国問題のときのように、宗家に対して「たゞなにとなく、仰《おおせ》らるべし」が限度のはずである。

白石は一方的に「寛永は先例にならない」としている。これにはいろいろな問題があったはずだが、寛永八年（一六三一年）に藩主宗義成《そうよしなり》と家老柳川調興《やながわしげおき》の間に争いが起こり、十二年、家光の裁断で柳川一派が処罰されている。私はこれを一応、「輸入」に対する利権の争いと見ているが、この争いの結果、「国書改竄《かいざん》問題」が発覚している〈注六－５〉。

これが実に皮肉なことに、結果においては白石の主張と合致《がっち》するような改竄なのだが、白石はおそらくこれを宗家の人びとが貿易問題にのみ目をむけて、そのため朝鮮側の意に沿うように（または意に沿うと彼らが考えたように）改竄したと見ていたと思われる。この点、彼は外交事務を処理していたと思われる「対馬国にありつるなま学匠」の主張はすべて、「輸入商社」宗家の利益の代弁にすぎないと考えていたであろう。白石は次のように言っている。

〝寛永は先例にならない〟ので、いろいろ議論があったが、「つひに其《その》礼を議すべき由《よし》は、仰《おお》せ下《くだ》さりけり」ということになった。

それが中、復号《ふくごう》の御事《おんこと》こそ、第一の難事なりつれ。これは、両国の好修《よしみ》められし初《はじめ》よりして、彼国《かのくに》の書には、日本国王としるしまゐらす。これは鎌倉京の代々より、外国の人は、我国天子《てんし》の御事をば、日本天皇と申し、武家の御事をば、日本国王と申せし例によれる也《なり》。しかるを、寛永の比《ころ》に至《いたり》て、日本国大君《たいくん》としるしまゐらすべき由《よし》を仰《おおせ》つかはされしより、此事《このこと》そののちの例とはなりたり。これ対馬国の守《かみ》とその家人《けにん》との争論の事によりしなり。されど、大君といふは、彼《かの》国にして、その臣子に授《さず》くる所の職号にこそあれ。其《その》号を以《もつ》て称し申すべき由を、仰つかはされしは、彼国の官職をうけ給《たま》ふの嫌《きらい》ありて、また大君は、天王の異称なる由、異朝の書にはみえたり。さらばまた我朝天子の御事にも疑《うたがい》あれば、たゞもとのごとくに、日本国王としるしまゐらすべき事を申すべき由、対馬守に仰下《おおせくだ》されぬ。此事のはじめ、某《それがし》、対馬守平義方《たいらのよしかた》の家人《けにん》平直賢《なおかた》　平田直右衛門《ひらたなおえもん》といふ其国の老《としより》なりといふものと申す事ありしに、此事子細《しさい》あらじといひけり。公家の御事には、係《かか》るに天を以てして、日本天皇と称じまゐらせ、

〈注六－5〉 文禄・慶長の役の後、徳川秀忠《ひでただ》と朝鮮国王との間で和議が成立し、国書の交換が行なわれたが、その際、日本側の国書の署名がたんに「日本国　源《みなもとの》某（徳川家は源氏）」となっていることが問題となった。「朝鮮国王」に対するには「日本国王」でなければおかしいというのが朝鮮側の言い分であったが、日本側としては微妙な問題であり、調整に手間取ると見た対馬藩では、独断で「王」の字を足し、「日本国王」として朝鮮側に渡すということを繰りかえしてきた。将軍・家光の代に、このことが露見し、関係者が処罰され、以降「日本国大君」と署名するようになった。

武家の御事には係るに国を以てして、日本国王と称じまゐらする事は、おのづから天と地と其位《くらい》易《か》ふべからざる所あるがごとく、また共に日本を以て称じまゐらする事も、周王《しゅうおう》・周公、君臣ともに周を以てし給ふ事のごとくなる事などを、対馬国にありつるなま学匠等が、知るにも及《およ》ばで、とありかゝりといふ事によりて、国人等いなみ申すことばの聞《きこ》えしかば、我また彼《かの》直賢が許《もと》にふみつかはして申せし事共《ことども》ありしに、はじめ直賢がいひしごとくに、彼国にしては申す事もなくて、其国の書、日本国王と改《あらた》め来《きた》りぬ〈注六－6〉。

〔『折たく柴の記』〕

この議論には確かに無理な点がある。「なま学匠」の一人が反論しているように、「朝鮮で大君と称するのは王の嫡子の意味、王の庶子を君という」、従って、白石がこれを「臣子に授ける職号」だとか「天王の異称」だとか言うのは、誤解にすぎない、という主張は、問題を朝鮮に限定すれば正しいかもしれぬ。

ただ白石と「なま学匠」の差は、一方は朝鮮の背後に絶えず中国問題を想定しているのに、他方は、朝鮮との間に問題を起こしたくない、としか考えていないことである。確かに大君は中国でも同じように「嫡子」の称号でもあった。

しかし白石が問題としているのは、これが同時に職号であり、また周易《しゅうえき》のこの呼称を儒者が「天子」と注している点なのである。従って、日中国交回復の場合、相手の国書に「大君」とあり、もしこちらも「大君」で返書を書けば、相手には「官職を授与されまし

〈注六－6〉 大意は以下の通り。「『日本国大君』を『日本国王』という呼称に復《ふく》すことが大難事であった。もともと古くは国書に『日本国王』としるしていた。これは、外国の人がわが国の天皇を『天子』、武家を『国王』と呼んでいた例によったのである。ところが、寛永の頃から『大君』となったわけだが、これには問題があった。というのも『大君』というのは朝鮮では臣下につける呼称であり、これだと将軍が朝鮮国王から官職を受けるおそれがある。また外国の書では『大君』を天王の異称だと書いてあるものもあるから、これだとますます紛《まぎ》らわしい。そこで元に戻すよう、対馬守《つしまのかみ》に言ってやった。対馬藩の家人が言うには、むずかしいことではなかろうとのことであった。そもそも『対馬の国のなま学匠』らが、知りもしないでああだこうだ言ったために、対馬の人たちは反対しているだけだという。その後、朝鮮の方でも文句はなく、国書を『日本国王』と改めてきた」。

た」といい、国内的には「将軍は天皇である」と宣言する結果になりかねない。そして朝鮮に対しては「大君」なのに、中国に対しては「大君」を拒否することは、絶対にできない。白石の念頭にあったのは、これによって起こる非常にうるさい国内問題と、それの、対中国関係へのはねかえりであっただろう。

先まで考慮した深い洞察

ところが、宗家の内心はもっぱら貿易だけである。それが「此事子細《このことしさい》あらじ」で、そんなことを、うるさく言う必要はない、ということである。もう一人の「なま学匠」の反論は「国王と称したところで、朝鮮国の恭敬が増すわけでないし、第一、国王といえばやはり、日本国内無上の尊称ではないか」というものである。これはこの通りであろう。

しかしこの反論にも、対中国乃至《ないし》は全アジア大陸および対国内問題という意識が皆無である。従って「日本国王」を前例にしておけば、その称号で対中国交渉もできるし、中国もこれに応ずるであろう。

そして国内的には「公家の御事《おんこと》には、係《かか》るに天を以《もつ》てして、日本天皇と称じまゐらせ、武家の御事には係るに国を以てして、日本国王と称じまゐらする事は、おのづから天と地と其位易《くらいか》ふべからざる所」という論法で押し通せるから問題は起こらないという彼の「読み」は、到底「なま学匠」には察知できない。そして彼らは一《いつ》に、朝鮮側が憤激して、貿易が中断することを恐れているわけである。そこで反論批判が白石へと集中してくる。

彼は直賢にもう一度訓令を出した。すると、はじめ直賢が言っていたような抗議等もなく、すなわち「彼国《かのくに》にしては申す事もなく」、「其《その》国の書、日本国王と改《あらた》め来《きた》りぬ」となった。

だが、朝鮮では相当大きな議論を呼び、いわば、一触即発といった事態にまで進んだらしい。それというのも、この問題については、奇妙に見えるほど白石には妥協がないからである。そして、一見理由らしい理由もなく「国書を書きなおせ」と要求されれば、要求された方が怒るのもまた当然といえる一面もある。朝鮮側には、「国書既《すで》に成り使命すでに発する後の事」であるから、今回は一応このままにして、この次からにしようという意見もあった。一種の妥協案である。これらについては、おそらく宗家にも内々の打診や裏交渉もあったであろう。それに対して白石の再度の訓令となったのかもしれぬ。

しかしこの問題を、最も冷静に見たのは尹趾完《いんしかん》〈注六－7〉であろう。彼は国王に次のように建言している。「宛名の名義をこちらで規定するということは、元来、はじめから出来ないことのはずである。従ってその要求をいれるということが、何も先方に従属するとか先方の指揮をうけるとかいうことになるわけがないではないか。改めてくれというのなら、改書して送れば良いであろう」と。これは非常に面白い——というのは明治以降の、日本における外交問題に関する世論が、こういった形で出てきた例が皆無だからである。

さらに白石は、ここで、いわば「輸入商社」に外交を左右されることの弊害も除去しようとしたらしい。彼は対馬の外交上の権限を削減した。そしてこういう場合は、堂々と先例を無視している。

以上が大体、白石の生涯における最大問題の一つであった「朝鮮来聘使問題」の概略である。この問題に対する彼の態度は、一貫して、的確に「外交」というものの本質を把握していたことを示している。もちろん彼は職業的外交官ではない。その点では、対馬の「なま学匠」の方がすぐれていたであろう。

白石はただ当時の世界すなわち東アジアにおける日本の位置をはっきりと把握していたにすぎない。そして自国を本当に知り、外国を知っていた——室鳩巣のいった「和漢の事《こと》引合候て、能《よく》弁じ申候」であり、それを基《もと》にしてはじめて両者に対する実に、先の先まで考慮した深い洞察と、それに基づく準備とができたわけである。
彼の行き方と昨今の日本の対中国外交を比較論議しようとは思わない。余りに違いすぎて、到底、対比などはできそうもないから。

〈注六―7〉尹は、前回の第七回通信使（一六八二年）の正使を務めた。この建言をしたのは権尚渽とする説もある。

七章

逆転する中国像

――その後の対中政策を決定した頼山陽《らいさんよう》の『日本外史』が誕生するまで

一国であれ一政権であれ一政治家であれ、その対内認識と対外認識は、常に同一の基準に立っている。これは西欧的な見方だが、私は、この見方は正しいと思っている。従って内政の基準が変われば外交の基準も変わる。これは政権の交替による政策の変化を見れば明らかであろう。

佐藤外交とは佐藤内政であり、田中外交とは田中内政であり、また同様に周外交は周内政で、ニクソン外交はニクソン内政である。西欧が、ブレジネフの東西緩和外交なるものに非常に懐疑的なのは、内政と外交が同一原則でないという点への不信である。

同じことは日中関係にもいえることで、〔新井〕白石の外交とはつまり白石の内政であって、彼にとっては日中関係は朝幕関係と同じ原則に立っている。従って日本人の日本への認識が変われば必然的に中国への認識も変わってくるわけで、この点日中関係も、世界の外交の原則の例外であるわけではない。

従って、中国との国交正常化を本当に考えるためには、まず日本人の自国への認識の仕方を、その出発点としなければならない。そこで、まず白石以降の日本人の対内認識と、それに及ぼした中国の影響を簡単に調べることにしよう。

といってもこの小論は思想史ではないから、水戸学派、山崎《やまざき》〔闇斎《あんさい》〕門派、国学者というように、一つ一つを検討していくつもりはない。確かに朱舜水以来の水戸学派の影響は大きいし、「日本こそ中国なり」の山鹿素行《やまがそこう》、およびその門下が吉田松陰《よしだしょういん》に与えた影響は、彼の一書簡に「中朝事実《ちゅうちょうじじつ》逐々《ちくちく》研究、感激の至《いたり》に堪《た》へず」とあるように決定的で、系統的に分ければ彼は素行学派に入る。そして彼が明治維新に与えた影響は、これまた決定的といわねばならない。

国学者では宣長《のりなが》はいうまでもなく、学者としては林大学頭《はやしだいがくのかみ》の批評通りに劣《おと》ると思うが、一種のジャーナリスティックな才があった平田篤胤《ひらたあつたね》の影響も見逃しえない。

しかし、後代の評価と同時代への影響力は必ずしも同じではないのであって、後には大思想家として高く評価され、それゆえに大きな影響を後代に与えた人で、生存中また直後の時代には、何の影響も与えていない人は決して少なくない。特に民衆のレベルでは、その存在すら知られないことは決して珍しくない。従って「日本人の対内認識とそれに及ぼした中国の影響」となると、『靖献遺言』でやったように、まず、全日本人に決定的な影響を与えたベストセラーを探り、ついでそのベストセラーの内容と、後代への影響を探らねばならない。

その点では頼山陽《らいさんよう》の『日本外史』（一八二九年刊）を筆頭にあげることに異論のある人はいるまい。徳川期の著作家で、彼ほど広くかつ長く読まれた人は珍しいであろう。戦前の日本の男性はほぼ全員が『外史』の冒頭を読んだといえば異論があるかもしれぬが、実は、それと知らずに読まされていたのである。

というのは日本の「軍制」の基本となった「軍人勅諭」の冒頭は、『日本外史』の冒頭のダイジェスト版――というよりむしろ「転載」に等しいからである。次にその部分を引用しよう。

我国の建てられたるは文武一途《いっと》、海内皆兵《かいだいかいへい》、天子之《これ》が元帥《げんすい》と為《な》る。事《こと》有れば天子親征す。故《ゆえ》に大権《たいけん》上に在《あ》りて能《よ》く海内を治《おさ》む。而《しこう》して其《その》勢《いきおい》の盛んなる粛慎三韓《しゅくしんさんかん》〔満州の故地《こち》と朝鮮三国〕にまで及《およ》べり。中世に至り支那の制度に模《も》し種々の兵制を立つ。上《じょう》世《せい》の制には及ばずといへども、なほ乱を防ぎ禍《わざわい》に備《そな》ふる綿密なり。是時《このとき》に於《おい》ては未だ武門武士の名目〔定まった官職〕なし。然《しか》るに藤原氏政《まつりごと》を執《と》るに及び、代々外戚《がいせき》を以《もっ》て高位高官に居《お》り、又《また》其の族に非《あら》ざれば与へず。将帥《しょうすい》の任は源平《げんぺい》の二氏に委《ゆだ》ぬ。是《ここ》に於て武士なるもの生《しょう》じ、兵制破《やぶ》れて兵農分《わか》る。而《しこう》して後《のち》地方に於《お》ける強者は甲《よろい》を貯《たくわ》へ馬を飼ひて自《みず》から武士と云《い》ひ、武士の称起《おこ》る。是に於てか又大権下に移り武家隆《さか》んと成《な》り、子孫天下を制馭《せいぎょ》す。抑《そもそ》も戎事《じゅうじ》〔軍事〕は重大なり。兵食〔兵馬・糧食〕の権は一日も国を離るべからず。故に古制天子親しく之を総《す》べられし〔征伐のことは、必ず自分でなされた〕は意味の深き事なりしなり。然るに之を一二の家に委任し兵馬の事を賤《いや》しめるに至り、之《こ》れ武門のみ武士のみと云ひて朝廷に歯《よわい》せず〔軽蔑する〕。即《すなわ》ち之を法度《はっと》の外に捨つ。余《よ》此《この》沿革を知つて外史を作り、初《はじめ》に源平二氏の事を叙《じょ》す。其の王家の自から其権を失ひ、而して国勢の推移せるは人力の能《よ》くする所に非ず。

〔『日本外史』冒頭部分より、著者の抜粋による読み下し。原文は漢文〕

これはいわゆる「皇国史観」の民衆的要約といえるであろう。最近「皇国史観」という言葉を、その意味内容を全く理解せずに使う人もいるようだが、元来「皇国史観が明治の天皇制を生み出した」のであって、「明治以降の天皇制が皇国史観を生み出した」のではないのである。そしてこの山陽の民衆的要約ができるまでに、さまざまの形で作用したのが、中国であった。

だがこのように言えば、中国人が迷惑がるかもしれぬので「日本に作用した中国」なるものを、簡単に定義しておこう。徳川期の日本人が盛んに中国を論じ、時にはさまざまの極論まで展開したといっても、彼らが、現実の中国を知っていたわけではない。もちろん資料も統計もなく、実地踏査をしたわけではない。

従ってそれは今の日本人が米ソについて議論するのとやや似ていて、たとえば「ソ連はこうだ」「アメリカはああだ」といって議論しても、それは「私はソ連をこう見る」「私はアメリカをそう見る」という自分の考え方を言っているだけであって、その議論は、現実のソビエトやアメリカとは無関係なのと、ほぼ同じである。

もっとも徳川期の日本の知識人はみな、意味の取り方に多少の誤差はあっても中国文を読めたから、今の日本人ほどには奇妙な中国論はやっていない。こういう議論の仕方は、結局、当時の日本人には中国以外に基準がなかったからであろう。

もちろん白石のように、自国の歴史を自分の位置でみて、中国は王朝制、日本は朝幕制として、ともにそれぞれ別の基準のある体制と見、外交をその接点に求めたという人もないではないが、多くはそうでなかった。従ってその中国論の推移は、日本の戦後のアメリカ論の推移と非常によく似て、極端から極端へと移動している。

中国人＝天孫《てんそん》民族論と犬猿《けんえん》論

いわば「アメリカ人・民主主義の権化《ごんげ》論」から「アメリカ人・残虐《ざんぎゃく》人間論」へと移行して来たと全く同様に、「中国人・天孫民族論」から「中国人・犬猿論」へと移行するのである。

もちろんこれらはいずれも「日本人の議論」で、現実の中国人には無関係のことだから、「犬猿論」を紹介しても、少なくとも中国人には失礼にはなるまい。中国の影響は、日本側が勝手に一方的にさまざまな受けとめ方をしているだけなのに、それを勝手に相手に投影して、それぞれそうと断定しているのだから、中国人もいい迷惑だったであろう。そしてこの迷惑は、後に現実のことになってしまうのである。

そして面白いことに、この二つの極論は、いずれも、それぞれの同時代に相対立する立場にいる者から出るのでなく、まず「天孫論」を唱えた者の系統が最終的には「犬猿論」を唱えるという形で出てくることである。というのは「天孫論者」は熊沢蕃山《くまざわばんざん》で、「犬猿論者」は平田篤胤だからである。系統的にいえば、蕃山は陽明学派とはいえ多くの公家の師で、一方篤胤は国学派という点はあるが、共に錚々《そうそう》たる「尊皇派」である。まず蕃山の「中国人＝天孫論」から紹介しよう。

中国にては天地を父母とし、其所《そのところ》に気化《きか》の人生《しょう》ず。此人《この》には男もあり女もあり、皆神《みな》人なり。是《これ》を百姓と云《い》ふ。それより後人《のち》人を生《う》めり。されば中国にては四民の別なく姓の系図をも云はず、只才能《ただ》の秀《ひい》でたる人を士ともし大夫《たいふ》ともす。然《しか》れども皆一様に天孫にして、もと高下なければ、誰にても天下を取る。人皆王《みな》となるなり。然るに日本は辺国《へんこく》なり。故《ゆえ》に其中には土民《どみん》と云ひて国土にて生《うま》れたるものあり。日本にては之《これ》を百姓と称せり。所謂《いわゆる》中国の百姓とは異《こと》なれり。而《しこう》して帝王は天神の孫にして百姓とは異なれるなり。もと日本の百姓は礼儀をも知らず禽獣《きんじゅう》の境《さかい》を去る事《こと》遠からざるものなりしが、天孫によりて徳化されしものなれば、天孫の外、帝《みかど》たる能《あた》はざるなり。

（傍点筆者）〈注七 ‐ 1〉

〈注七 ‐ 1〉 一部に字句・文章の異同があるが、『三輪《みわ》物語』七巻からの引用と思われる（異同の例をあげると、たとえば本書では「中国にては天地を父母とし」で始まっているが、同物語は「それ中国は四海の宗国《そうこく》なり。天地ひらけていまだ人なかりし時、天地を父母として」で始まっている点など。これらが写本のちがいか、附註者未調査の稀書《きしょ》からの引用か、読者の読みやすさを考えての著者による一部リライトか、は不明）。

この蕃山の論は、四書《ししょ》五経《ごきょう》の一つ『易経《えききょう》』を援用している。すなわち同書の繋辞伝《けいじ》には、「むかし庖犠《ほうぎ》（伏義《ふつぎ》）が王であったとき、仰《あお》いでは天の日《ひ》らを、俯《ふ》しては地の草木らを、よく観察して八卦《はっけ》をつくり、万物の類型を人々に示した」旨が書かれてあるが、そこで蕃山は、「伏犠《ふつぎ》ハ天地ヲ父母トシ」と『集義和書《しゅうぎわしょ》』七巻でのべ、「天地ノ造化《ぞうか》ヲ助《たすけ》テ…中略…天下ニ王タリシ、神聖ナリ」などと続けた。つまり、そういう「神聖ナ」者が王だから中国はすばらしく、「（一般の）人も初《はじめ》は天地を父母として気化にて生じたり」（『集義外書《がいしょ》』九巻）と、とらえていたのである。「気化」とは、「父母なくして気中より生ずるもの」で、つまりは枕《まくら》を交《か》わさずとも生まれてしまうものをさす。

ゆえに、ここでも「神人」という言葉を用い、「中国人は神人の子孫だから誰でも王になれるが、日本は辺国（辺境の国）なので、天孫（神人の子孫）である天皇家の者以外は不可能である」と、唱えている。

ただ、訳者は、このような「唐土《もろこし》は四海の師国なり」的発想が蕃山にあったことは認めつつ、「日本の水土（風土）により…中略…（儒教には）長久《ちょうきゅう》ならざる道理あり」等の『集義外書』十巻の文章を引用して、「（水土を重視する）蕃山の考え方は、今から見てもまことに中庸《ちゅうよう》を得た常識的な発想」とも、『現人神《あらひとがみ》の創作者たち』「慕夏《ぼか》思想・天皇中国人論と水土論」の章でのべている。

昭和の日本は、自らを天孫民族とかテンション民族とかいうが、徳川時代には天孫民族は中国人、日本では天皇だけが天孫民族すなわち中国人であって、他はすべて土民ということであった。彼はさらに、

支那の人は士庶《ししょ》才を以《もっ》て分《わか》つ。故《ゆえ》に支那は四海の中国にして百姓皆《みな》天孫たるに依《よ》る。日本は東夷《とうい》にして地の姓と天神の姓との両方あり。故に士庶を分つ。〈注七－2〉

ともいっている。

これが平田篤胤となると、全く趣《おもむき》を異《こと》にし、彼はまず鳥羽義著《とばのよしあき》という人の著作を引用して次のようにいう。すなわち、

彼等《かれら》の行為は禽獣《きんじゅう》の如《ごと》し。彼等の道を見んと思はゞ、宜《よろ》しく犬の群集せるを見るべし。勢《いきおい》の強きもの時を得て弱きもの丶之《これ》に従ふ、やがて堯舜禹湯武《ぎょうしゅんうとうぶ》の真相を語れるなり。彼の支那人の言《げん》を聴《き》くに、自国を中華と云《い》ひ、他国を夷狄《いてき》との丶しり、遇《ぐう》する

に禽獣を以《もつ》てす。然《しか》るに遂《つい》にその夷狄たる蒙古《もっこ》韃靼《だつたん》に征伐せられ、嘗《かつ》て卑《いや》しめたる夫《それ》等《ら》の国の王を戴《いただ》きて天子と敬《うやま》ひ、その国風に改《あらた》められて三皇五帝の御子孫も芥子《けし》坊主となり、恥と思はず。片腹《かたはら》痛き事ならずや。是皆《これみな》文武等の作りし道の禍《わざわい》なり。支那人の中には彼等に冠《かん》するに聖人偉人の美称を以てす。事《こと》之《こ》れ附会《ふかい》に出《い》でたるを、邦人の取つて以て之に雷同《らいどう》するは、恰《あた》かも盗人仲間の盗《ぬすみ》を悪言《あくげん》せず、却《かえ》つてその中の大盗賊を偉人の如く褒《ほ》むるを、盗人以外のものゝ褒むると一般、過《あやま》てるや論なし。

と論じ、さらに、

〈注七－2〉 〈注七－1〉と同様の「中国人＝天孫論」であり、『夜会記《やかいき》』一巻に出てくる（やはり、一部、異同はあり）。「中国人の場合、支配者と庶民は才能で分かれる。なぜなら中国は世界の中心で皆天孫だからである。しかし日本人は東の野蛮人で、（生まれながらに）天孫でない者と天孫とがいるので、（才能ではなく）初めから庶民と支配者に分かれている」。

さて清《しん》の朝は今年（一八一一年）まで百五十年となり、国中の風俗を改《あらた》めて本国の風俗通《どおり》にせり。独《ひと》り孔子《こうし》の子孫のみ古《いにしえ》の風を存《そん》せしが、近年に至り、孔子は聖人なり、聖人は物に凝滞《ぎょうたい》せずよく世と推移《おしうつ》ると云《い》ふことあれば、当時の風に移るこそ本意なれとて風を改めたり。如此《かくのごとく》支那の沿革を調ぶれば、代々相殺《あいころ》し、相《あい》奪ひ、王統少《すこ》しも定まらず。強き賢《かしこ》きもの王となる。鳥羽義著《とばのよしあき》の言へる唐国《からこく》のさまを見んと思はゞ犬の群集するを見よと。その犬の国を漢学者流はよき国と心酔し、卑《いや》しき国王を帝若《みかども》しくは天子と称し、国を中華と云へり。乱雑なる事なり。〈注七－3〉

とつづく。これが「犬論」だが、罵詈讒謗《ばりざんぼう》を次々に紹介しても無意味だから「猿論」は要旨のみにとどめる。すなわち、中国を模範として日本に欠けた点があると恥じる者は、猿を見て自分に毛がないと恥じるのと同様であると。もっともこの言い方は宣長にもある。

一体篤胤をどう評価すべきであろう。この奇妙な人物はさまざまな面から評価できるが、学者としての評価は、当時の幕府の（林家《りんけ》の）評価が妥当であろう。天保《てんぽう》五年（一八三四年）彼を幕府に訴えた者があった。幕府は林家に諮問《しもん》したが、大学頭《だいがくのかみ》は次のように答えている。

彼の説如何《いか》にも浅薄なり。然《しか》れども人もと新奇の説を好《この》む。依《よ》つて之《これ》をきくもの多く、説また世に行《おこな》はる。識者は取らず。絶板《ぜつぱん》の事は考慮を要す。若《も》し彼の著をして絶板せしめんか、彼の師宣長《のりなが》の著をも絶板せざるべからず。宣長の著を絶板せしめんか、更《さら》にその師真淵《まぶち》の著を絶板せざるべからず。篤胤《あつたね》の書既《すで》に浅薄、一時世を欺《あざむ》くに過ぎず。されば後世に至りては読むものなく、自《おのず》から反古《ほご》となるべし。絶板の沙汰《さた》にも及ばざるべきか。……

〈注七－3〉『西籍概論《さいせきがいろん》』からの引用と思われるが、一部字句等に異同がある。『弁弁道書《べんべんどうしょ》』で有名な鳥羽義著（神道家）の主張を援用しており、大意は「中国を世界の中心といい、他国を野蛮人として禽獣扱いするが、その野蛮人に征伐され，その王を天子と敬っている中国人こそ禽獣であり、犬の群れだ。一緒になって三皇や堯舜禹湯武《ぎょうしゅんうとうぶ》の五帝を聖人とありがたがる日本人など論外である」。

この評価の通りと思うが、一つ誤っている点がある。それは「一時世を欺くに過ぎず」である。彼はいわば反中国の論客、誇大で過激な言辞をふりまく評判男、天下に知らざる者なき大ジャーナリストで、ある意味では時代のエース、またアジテーターでもあった。維新前期にいわば赤軍派的な無謀さと過激さで代官所を襲った者〈注七－4〉などには、彼の弟子もしくはその系統の者が非常に多い。

だが独自の思想は皆無で、大体は宣長の著作の解説だが、それが「解説」なるものの悪い点を百パーセント備えているのである。従って林大学頭の「浅薄」で「新奇」を衒《てら》い、俗耳《ぞくじ》に入りやすいが「識者は取らず」「自から反古となる」という評価は正しいであろう。一方これは外観はあくまでも宣長の解説だから、これを絶板にすれば宣長その他を絶板にせざるを得なくなるから、放置しておいてよいという判定も正しいと思う。

偶像破壊者としての平田篤胤《ひらたあつたね》

この篤胤に似た「問題」は常にあり、ジャーナリズムが特に警戒すべき一種の落とし穴だが、それは一見、篤胤と非常によく似た点が、宣長にも真淵にもあることは否定できず、えてして両者が混同されるからである。だが両者は違う。

宣長の場合は、ある観点からものごとを論じていくと、中国思想の権威を否定せざるを得なくなるというだけで、中国思想の権威を否定するために、ある種の論理を組み立てているのではないのである。

ところが篤胤ではこれが逆転し、中国もしくは日本の中国思想家を罵倒するため、逆に、宣長の論理を引用するという方式になっているからである。そして、宣長が賞揚した孔子ですら、太宰春台を罵倒する材料にしてしまうほど徹底しているのである。

支那人中に於《おい》て本居《もとおり》翁は独《ひと》り孔子をのみ摘賞《てきしょう》して曰《いわ》く、支那人乍《なが》ら孔子は聖人の類にあらずしてよき人なりと。洵《まこと》に然《しか》り。蓋《けだ》し孔子には放伐《ほうばつ》の悪跡《あくせき》なく、諸国を遊説《ゆうぜい》してその道行《おこな》はれざりしとは雖《いえど》も、言の用ゐられざりしには自《おのず》から道理ありて存《そん》す。会々《たまたま》国大《おお》いに乱れ、人皆《ひとみな》王を蔑《ないがしろ》にす。孔子深く之《これ》を憂《うれ》ひ、国乱を正し、王道を勧《すす》め、諸侯をして反正《はんせい》せしめんとす。是《ここ》に於てか忌諱《きい》を天下に受く。素《もと》よりその所なり。その言行を見るに又《また》常人に異《こと》ならず。但《ただ》し良きと云《い》ふに止《とど》まる。乍併《しかしながら》よく余《よ》が

〈注七－4〉 一八六三年、尊皇攘夷を掲げて奈良・五条《ごじょう》の代官所を襲撃した天誅組《てんちゅうぐみ》のこと。

意に会《かい》せり。中にも君父の為《ため》に悪を隠し曲を覆《おお》ひし行意《こうい》は嘉《よ》みすべし。春秋を見ば思《おもい》半《なかば》に過ぎん。要するに周室を尊《とうと》び、内外本末の区別を明瞭にせし孔子の志は見上げものにて、今にその子孫存《そん》し祭祀《さいし》を絶やさゞるは愛《め》でたし。然るに孔子を本としてその道を祖述《そじゅつ》する所の学者多くは其《その》真意を知らず、就中《なかんずく》、近世の所謂《いわゆる》古学派の学者を甚《はなはだ》しとす。余嘗《かつ》て太宰春台の弁道書《べんどうしょ》に対して呵妄書《かもうしょ》を作り、その説を駁《ばく》せしが……

〈注七—5〉

という形になってしまい、これにつづくのは、文章の内容も林大学頭の指摘する通りである。なぜこうなったか。さまざまな理由があろうが、その中で見落とすことのできないものの一つは、当時の中国ブームが生み出した「中国的教養豊かな文化人」には、いわば速成《そくせい》で非常にペダンティックな人が多く、「一冊書を読めば直《ただち》に人を集め見台《けんだい》に向《むか》いて講義す」という状態で、これが世人《せじん》の嘲笑と反感を買ったことである。篤胤は次のようにものべている。

儒仏教渡来してより邪智奸佞《じゃちかんねい》のもの出《い》で、天下漸《ようや》く支那の如《ごと》くみだりがはしくなれり。是《こ》れ古《いにし》へ学びの人の知る所なり。かく神道を誤解するより、神に仕《つか》ふるものを皆巫祝《ふしゆく》の如く思へり。然《しか》れども古は天皇御自《おんみずから》神祇《じんぎ》を祭り給《たま》へるなり。かかる沿革の有《あ》るを、漢学者は支那の事を云々《うんぬん》し、仮名文をさへ俗《ぞく》なりと云《い》ふ。本末を誤る大《だい》なり。而《し》かも我が国の事を問はれて知らぬを恥と思はず、西戎国《からくに》の事を知らざるを恥とす。本末転倒せるにあらずや。また今の巫祝なるものは、誠《まこと》に取るに足らぬものなるも、我が国の道と云ひて皇国を尊《とうと》くせんとの意を行《おこな》ふものなれば、腐儒者《くされじゆしや》よりは勝《まさ》れり。聖人の学をして無頼《ぶらい》の徒《と》とならんよりは、寧《むし》ろ巫祝の勝れるに若《し》かざるなり。春《しゆん》台《だい》は云へり。天下国家は聖人の道を捨てゝは一日も治《おさま》らず。天子より庶人《しよじん》にまで是《これ》を離れては一日も立たずと。然れども我が国はもと〳〵特異の国なり。儒仏渡らざる以

〈注七－5〉『呵妄書《かもうしよ》』（補論）からの引用か。大意は「本居宣長《もとおりのりなが》は中国人の中で孔子だけは、まあまあ評価していた。孔子は放伐などしていないし、正しい道を行なおうと諸国を遊説し、良い人物なので、私も気に入っている。周《しゆう》を尊び、内外本末の区別《けじめ》を明確にした孔子の志《こころざし》は立派である。しかし、その教えを説く太宰春台など古学派の学者は、孔子の真意をまったく理解していない」。

前は天下泰平に治《おさ》まりしが、儒仏来《きた》りてより朴直順路《ぼくちょくじゅんろ》なりし人心漢様《からよう》となり、従つて他国に似たる出来事起《おこ》れり。是れ事柄を知らざるより吐《は》ける言《げん》なり。聖人の道は漢学者の云ふ天地自然の道に非《あら》ず。然《しか》らば皇国の道は天地自然の道なりやと問はるれば云はん。皇国の道また天地自然の道にあらず。然れども人為《じんい》の道にもあらず。即《すなわ》ち天地の神の作り給へる道なり。故《ゆえ》に皇国の真の道を知らんとせば先《ま》づ神を知るべし。神を知らんと欲《ほっ》せば宜《よろ》しく本居《もとおり》翁の書を熟読すべし。抑《そもそ》も聖人の道は賀茂《かもの》翁も駁《ばく》せられ、本居翁も聖人の仕業《しわざ》は君《くん》を弑《しい》し国を奪へる罪を蔽《おお》ひ、世人に信用せしめんが為《ため》、虚飾して人に強《し》ふる所の道なり。即ち己《おのれ》の為《な》したることを後人《こうじん》の為さんを恐れ、人のあるべき限を過ぎて設《もう》けたる教《おしえ》なり。譬《たと》へば一丈の溝《ほり》越えよと教ふるは聖人の道なり。然れども千万人の中に一人も教の如く飛ぶことあたはず。皆僅《わず》かに三四尺の溝をよく飛越《とびこ》える。此《この》三四尺は教を受けずとも元より飛ぶべし。さて此教を学ぶ者の中に其《その》徳によりて五六尺位《ぐらい》は飛び得るもあるべきが、それさへ終《つい》にかの一丈は飛ぶこと能《あた》はず。又《また》其五六尺を飛ぶといふ者もいと〳〵まれなる事にて、其余は中々に飛損《とびそん》じて溝中に落入《おちい》り、或《あるい》は脚腰《あしこし》を傷ひて、もとの三四尺をさへも、え飛ばぬ様になる者もあるる如く、聖人の道を知らんとて学問をするもの丶多くは、邪智のみまさりて、身の行《おこな》

ひは却《かえ》つて無学の輩《やから》に劣《おと》るもののみ世に多きは、この道理なり。〈注七－6〉

腐儒者より巫祝《ふしゆく》が勝《まさ》る、学問をして邪智のみまさり、身の行ないは無学な者に劣る――それは、「犬猿の教え」を聖人の教えだなどというからだというわけである。『にっぽんの商人』でものべたが、こういえる実情は確かにあった〈注七－7〉。しかし「日本の腐儒

〈注七－6〉『呵妄書《かもうしよ》』（本論）からの引用か。大意は「儒教や仏教が渡来して、天下泰平だった日本が中国同様に乱れてきた。儒者は中国の聖人の虚飾の教えをありがたがり、日本のことを知らない。今の巫祝《ふしゆく》は、古来《こらい》天皇自ら神祇を司《つかさど》った伝統ある神道からすると取るに足らぬが、腐儒者よりはましだ。中国の聖人の教えとは、君（天子）を殺し、国を簒奪した罪の正当化だからである。中国の聖人の道を学んでも邪智のみまさり、身の行ないは無学な者に劣る」。

〈注七－7〉『にっぽんの商人』は、昭和四十八年『日経流通新聞』に連載、昭和五十年に文藝春秋より刊行。その「唐人の小唄やら、日本の寝言やら」の章に、「(『世間学者気質《かたぎ》』の)ような町人用の人生論・処世訓の書には、実に数多くの［中略］『中国式教養豊かな文化人』に対する批判・揶揄《やゆ》・嘲笑がみられ云々《うんぬん》」とある。

者」なるものは、実は中国とは無関係なのだから、この二つを勝手に同一視されて「犬猿の国」にされるとは、全く中国も迷惑な話であったろう。

いわば篤胤は、中国という絶対の権威と、その象徴である儒者という偶像を、いわば民衆の側に立って、というより迎合して、徹底的に破壊して行く偶像破壊者なのである。こういう人が、いわば一代の評判男となり、数多くの門人をもち、実に広範に影響を与えても不思議ではなかった。だが彼には何一つ独創的な思想はなかった。不思議なぐらい無いのである。従ってすべてをブルドーザーで片づけるような力はもっていても、何一つ新しく建設することはできなかった。そして、このならされた地に、恐るべき勢《いきお》いで広まって行ったのが『日本外史』だったのである。

山陽と篤胤はほぼ同時代である。彼はまるで『日本外史』のため先払いをしたような形になったが、なぜ、このような形になったのであろうか。そしてそれは中国人「天孫論」「犬猿論」とどういう関係にあるであろうか。

これは、第二次大戦後の日本の「アメリカ化」の時代と対比すればすぐに理解できるであろう。アメリカを絶対の権威として何もかもこれから学び、これを尺度としようとするなら、まずアメリカなるものを理念化し体系化し図式化しなければならない。これは対象が中国であろうとアメリカであろうと同じである。

次にその尺度で自己の歴史を計り、たとえ全日本人を賊軍と規定しても、また全歴史を非民主的で封建的で野蛮と規定しても、何しろその尺度で過去を一応再構成してしまう。

ところが、理念化し体系化し図式化した尺度で、こんどはそれぞれの本家を見ると、中国であれアメリカであれ、その歴史も現状も、全くその基準からはずれてしまう。そうなると「日本こそ真の中国だ」「民主主義の本家は日本だ」ということになる。いわば山鹿素行の『中朝事実』になるわけである。

明治維新とは「擬似《ぎじ》中国化革命」

そこで、この本家の基準で輸入先を計ると、みな「犬猿国」になってしまうのである。そして、ここの論理は非常に面白い形になる。というのは、篤胤が中国を罵倒した基準をそのまま日本にあてはめれば、日本でも、全日本人が実は「賊」となってしまうからである。朱舜水のころの日本人や蕃山は、それを規準としたから、「中国人＝天孫」論になる。

ところが篤胤はそれを逆転し、中国の基準にかなう例外的日本人を「全日本人」とし、それを基準にして中国を計るから、今度は孔子という例外を除けば、全中国人が「賊＝犬猿」になってしまうのである。いわば中国を「天孫」とすれば日本は「賊」、日本を「天孫」とすれば中国は「犬猿」で、これは全く同じ論理にすぎない。そしてこの図式は、そのまま日米関係にもあてはまるのである。

今はまた「中国＝天孫・日本人土下座時代」であろう。これは当然いずれは逆転する。従って私は、最初にのべたように、日本人の中国観は南京攻略戦当時と少しも変わっていないと考えている。この問題は今のうちに処理しなければならない。そうしないとまた恐ろしい結果を招く。そして処理の方法はすでに白石が示しているはずである。

林大学頭《はやしだいがくのかみ》の篤胤評〈211ページを参照〉は大体正しいと思うが、前述のように「一時世を欺くに過ぎず」は、少し安易な見方だと思う。というのは「日本天孫・中国犬猿説」は、さまざまに形を変えながら、非常に根強く残ったからである。なぜそうなるか。いうまでもなく、中国の思想で再構成した日本の歴史を日本独自のものと主張するには、中国を抹殺しなければならないからである。

白石のような立場に立てば、こういうことは起こりえないのだが、篤胤のような行き方をすると、日本が中国化すればするほど中国を抹殺して行かざるを得なくなる。従って明治維新という「擬似中国化革命」が成功した途端に、まず、日本国内の尊皇思想の中の中国的要素を歴史から抹殺してしまった。尊皇とは尊中であったことも、「日本こそ中国だ」という『中朝事実』も、中国人天孫論もすべて抹殺してしまったので、一部の専門家を除いて日本人自身がこのことを全然知らないという珍現象が起こるのである。

頼山陽に規定された日本の対中国政策

この連載を始めてから「明治維新が中国化革命であった」という話は生まれてはじめて聞いて驚いた、といった手紙が余りに数多く来たので、私の方が驚いた。私が書いていることは「常識」であって「学問」ではない。この程度の知識もなくて「日中友好」などという言葉を口にするのは非常識である。そしてそういう非常識人を生み出した責任の一半は、篤胤にあるであろう。これが「安易な見方」だとのべた理由である。

　前にも記したが徳川時代には、一種の言論の自由があった。特に朝幕が一種の「バランス・オブ・パワー」になった一時期には、新しい研究の萌芽《ほうが》ともなりうるような非常に面白い着想や見方があったのである。

　たとえば「日本史朝鮮起源説」や「聖徳太子悪人論」など面白いものもある。すなわち藤井貞幹《ふじいていかん》〔藤《とう》貞幹とも。江戸中期、京都の考証学者、国学者〕の、日本紀《にほんぎ》を読《よま》ば、先此国《まずこの》の事は、馬辰《ばしん》の二韓よりひらけ、傍《かたわら》弁韓《べんかん》のことも相《あい》まぢはると心得《こころえ》、それを心に忘れず読《よま》ざれば、解《げ》しがたし。古来、韓より事起《ことおこ》りたることを、掩《えん》たることをしらず。此国きりにて、何事も出来たると思ふ故《ゆえ》、韓の言語を和訓《わくん》とす。様々《さまざま》に説を立《たて》、終《つい》に其《その》意を得ることなし。

〔藤井貞幹『衝口発《しょうこうはつ》』一七八一年刊より〕

といった言葉があり、また尊皇家のはずの蕃山も、

公家は天下の政道《せいどう》に預かり玉《たま》はざれば、実《じつ》なくして物毎《ものごと》過ぐる時は禍《わざわい》災度々《たびたび》起る。是《こ》れ天の戒《いま》しめられたる所なり。故《ゆえ》に宮殿の結構は余りに立派なるを要せず。只其《その》住居の出来る範囲に止《とど》めらるべし。次に御領地も多きを要《よう》せざるなり。礼楽《れいがく》の頽廃《たいはい》せざるやう御領を奉《たてまつ》らざるべからず。可成《なるべく》道具調度は質素倹約にし、公家の乱れず長《ちょう》久《きゅう》なることを願ふものなり。〈注七－8〉

とか、

崇峻《すしゅん》天皇の御時《おんとき》、天皇は馬子《うまこ》〔蘇我《そが》〕の暴逆を悪《にく》ませ給《たま》ふに、太子《たいし》は人知れずそを馬子に告げ知らさしめ給ふ。馬子只事《ただごと》ならずと思ひ、志を決して天皇を弑《しい》し奉《たてまつ》る。太子はかゝる弑虐《しいぎゃく》の悪人と共に政《まつりごと》を執《と》り一向《いっこう》に恥《は》づる心なきは何ぞや。嘗《かつ》て人あり、太子に対《むか》ひ馬子を誅《ちゅう》せんことを諫《いさ》め奉つれるに、太子曰《いわ》く、前世に於《おい》て御門《みかど》馬子を弑させ給《たま》ひしかば今世に於《おい》て馬子御門を弑し奉れるなり。されば余今《よいま》馬子を殺しなば来世に於て余また馬子の為《ため》に害せられなん云々《うんぬん》と輪廻《りんね》の理を説《と》きさとさしめ給ひし

〈注七－8〉『集義和書』八巻「義論之《の》」からの引用か。大意は「公家という存在は、政治にかかわっていないのだから、礼楽（社会秩序を定める礼と、人心を感化する楽）が頽廃しないようつとめ、質素倹約し末永《すえなが》く栄えることを願うべき」となる。同書は御所《ごしょ》の造営など、秀吉のハデな「御馳走《ごちそう》」を例示しており、そういう待遇に錯覚を抱くと「神統《しんとう》、あやうくおはしまさむか…中略…日本の国も又あやうかるべきか」などと論じている（傍点、附註者）。

とかや。かく愚《おろ》かなる御方は語るにも足らず、其上守屋《そのうえもりや》〔物部《もののべ》〕は仏法《ぶつぽう》を嫌《きら》へりとて殺させ給ふなど、旁々《かたがた》其いはれなし。実に日本の悪《あし》くなれるは上宮《じようぐう》太子の愚《ぐ》なるより始まる。〈注七－9〉

などと、まことに自由闊達《かつたつ》、思ったことを思ったままに言っている。

また儒・仏・国学のいずれも絶対的地位を獲得していないから、その点でも非常に面白い相互批評がでてくる。二、三の例をあげれば、

仏教の結果悪《わろ》しとも云《い》ふも、仏教は人心を愚《ぐ》にするものにて、君《くん》は民《たみ》が愚ならざれば治《おさ》まらざるものなれば、仏教は我国には大なる禍《わざわい》をなさず。儒道は乱の基《もとい》なり（真淵）。〈注七－10〉

昔は我国も禽獣《きんじゆう》と同じなりしが、支那の道伝《つた》はりて人間らしくなりし（蕃山）。〈注七－11〉

人は万物《ばんぶつ》の霊《れい》と云《い》ふも、これは自画自賛にして唐人の癖《くせ》なり。凡《およ》そ天地間のもの生《せい》あるものは皆《みな》虫なり。その中にて人のみいかで貴《たっと》き。予《よ》思へらく、人は万物中悪《あ》しきも

〈注七―9〉これも『三輪物語』一巻からの引用と思われるが、かなり異同がある。あるいは、一般向け選集等には未収録著作からの引用か？　大意は「崇峻天皇を暗殺した悪人蘇我馬子《そがのうまこ》と一緒に政治を行なって恥じる様子のない聖徳太子に、ある人が、蘇我馬子こそ殺すべきと言った。太子は『それは天皇が前世で馬子を殺したからであろう。いま馬子を殺せば、来世で自分が馬子に殺される』などと輪廻《りんね》説を持ち出したそうだ。こんな愚かな人間は語るに足らない。その上、物部守屋《もののべのもりや》を仏教嫌いというだけの理由で殺している。いずれにしても正当性などない。日本が悪くなってきたのは、太子のこの愚かさに始まる」。

〈注七―10〉出典は不明。大意は以下の通り。「仏教伝来の結果が悪いといっても、仏教は人心を愚かにするもので、支配者は民が愚かでないと治められないのだから、仏教が日本に大きな禍《わざわい》をなすものとはならない。しかし儒教は世の乱れの原因となる」。

〈注七―11〉『夜会記』その他に同趣旨の文章があるが、正確な出典は不明。「昔は日本人も禽獣と変わらない状態だったが、中国の文化が伝わって人間らしくなった」。

のなりと（真淵）。〈注七－12〉

天地の間にありとあらゆるものは神の導《みちび》く所、即《すなわ》ち春秋の変《かわ》り来《きた》ること、風雨の時に随《したが》ふことより、国のこと人のこと皆《みな》神の所業なり。すべて神の所業なるものを仏教には因果と云《い》ひ、支那の教《おしえ》には天命と云へり。仏説をやぶることは世人已《すで》に之《これ》をなせり。然《しか》れども支那の天命《てんめい》をおそるゝことは誰も云はざれば、吾《わ》れ之を云はんとす。抑《そもそ》も天命なるものは、支那の君を亡ぼし国を奪へる聖人の己《おのれ》の罪を掩《おお》ふ為《た》めに云ひ出せし仮託《かたく》の言《げん》なり。元来《がんらい》天地人なければ従つて命なるものゝあるべき理由なし（宣長）。〈注七－13〉

この人たちを一堂に集めて議論させたら大変に面白い『饗宴《シュンポジオン》』が編纂《へんさん》できたであろうし、もしこの体制のまま西欧との交流へと進んだら、別の新しい世界が開けていたかもしれぬ。だがその時代は終わった。

そして漢学者山陽《さんよう》が、国学の姿となった中国の史観で構成した『日本外史』が、多くの人に決定的な影響を与えつつ、明治維新へと進むのである。

彼も、独創的な思想家でないという点では篤胤と同じであった。しかし彼は、それまでの思想をまとめ、すばらしい美文で構成して多くの人に読ますという、明治維新のための「啓蒙思想家」であったとはいえる。

そして最初にのべたように、彼によって一般化された「対内認識」が「対外認識」を決定し、約一世紀近く、日本の対外政策、特に対中国政策を決定づけるのである。

〈注七－12〉『国意考《こくいこう》』より。「人間は万物の霊長というが、これは自画自賛する中国人の性癖だ。天地の生き物の中で、どうして人間だけが偉《えら》いものか。自分が思うに、人間は万物中一番悪い」。

〈注七－13〉 出典は不明。大意は「すべては神の働きなのに仏教では因果《いんが》といい、儒教では天命《てんめい》という。仏教批判は行なわれるようになったが、天命論批判は誰もしないので私が言おう。天命論とは君（天子）を殺し国を簒奪《さんだつ》した罪を正当化するための口実だ。そもそも天地人の存在理由などに確たる根拠はないのだから、その（天）命の存在理由などないのである」。このような本居宣長、平田篤胤等の中国の天命論（易姓革命論《えきせいかくめいろん》）批判の底には、日本の天皇は万系一世《ばんけいいっせい》で簒奪、放伐《ほうばつ》した者（禽獣に等しい者）などいないという自負があると思われる。

八章

中国を忘れた日本

——田沼《たぬま》時代から明治維新へ、中国蔑視《べっし》時代の対中関係

なぜ、日本から儒者が消滅したか

世界史にはときどき一見不思議とも見える現象がある。明治とともに「儒者」という存在が日本から消えてしまったことも、おそらくその一つに入るであろう。儒者——もしくは広い意味で「儒学に関係ある者」——徳川時代に、京都町奉行もその一言の下に土下座したほど〔三章94ページを参照〕の権威をもったこの存在が、完全に日本から姿を消してしまったことは、確かに、世界史の不思議に数えられてよいであろう。儒者は、ユダヤ教のラビと種々の共通点があり、非常に重要な社会的役割を果たしていたので、この消滅は、さまざまな事象を物語っていて、興味深い。

儒者の消滅は、政府の弾圧によるのではない。明治の初めに確かに「廃仏棄釈《はいぶつきしやく》」は存在した。しかし「廃儒棄孔」は存在しなかった。「廃仏棄釈」は今では忘れられた運動だが、当時の記録を見ると、まるでシナゴーグ（ユダヤ教会堂）襲撃のような情景も決して少なくない。明治八年の、福田行誡《ふくだぎようかい》〔明治初期の代表的な仏教学僧〕による太政官《だじようかん》への建白書〔廃仏棄釈を糾弾〕は、逆に、排仏の猛威を物語っている。僧をやめて帰農する者、失業する仏具師等、それらが社会問題のみならず経済問題にまで発展しかねない状態が指摘されている。

この問題は別の機会にゆずるが、いずれにしても、一《いち》宗教がこういう形で壊滅することはない。同時にそれは排儒運動というものが全然なくとも、否《いな》、逆に興儒運動というものがあっても、儒者は消えたであろうことを示している。もちろんそれは、明治政府の欧化政策とも関係はないし、その中国政策とも関係はない。むしろ逆であって、儒者を消滅させた何かが、その中国政策を決定したと考えるべきである。

日本人の中国蔑視が明治の欧化政策に始まるという「俗論」が誤りであることは、平田篤胤の「中国人犬猿論」で明らかだが、これより先にすでに、強い「中国反発感情」が日本に潜在していたことは見逃しえず、竹内式部に奉行が平伏した時点で、すでに存在していた。

もちろんこれは、中国そのもの、というよりむしろ、正確にいえば、人民服を着て「シーサン・ニーハオ」と言うタイプの日本人への反発だが、当時の日本人は、こういうタイプの同胞を「中国」と見ていたので、結局それが中国への反発と蔑視に転化していった。昔も今も、結果において中国人に最も迷惑をかけている日本人は、「中国人天孫論者」と「シーサン・ニーハオ型日本人」だということになる。

儒者の権威を失墜《しっつい》させた「家元」たちの相互批判

幕閣においてはっきりと儒者乃至《ないし》は儒学の権威を無視した最初の権力者は、悪名高き田《た》沼意次《ぬまおきつぐ》であろう。彼が通貨問題で建議をうけ、『宝貨事略《ほうかじりやく》』〔新井白石著〕を示されたとき、儒者の議論は役に立たぬと一顧《いっこ》だにしていない。

彼にこういう考え方をさせた理由の一つは、前章でのべた、当時の自由主義的風潮に基づく儒者間の甲論乙駁《こうろんおつばく》が、逆に儒学の権威を失墜させた点にもあるであろう。何しろ輸入の思想を権威として、それに依拠して自己を権威としようとするから、次々に「権威ある解説」が生まれてくる。するとその「解説書」を権威とする無数の学閥ならぬ儒閥が出てくる。

当時「『師《し》（孔子）ノタマハク』と『師（大先生）ノタマハク』と『師（先生）ノタマハク』と『師（その弟子）ノタマハク』と『師（自分）ノタマハク』と、御隠居に説教をされた」という笑話《わらいばなし》まで出来る状態であった。

そしてこの「大先生」はいわば「家元」で、当時の有名な儒学の家元には、幽蘭社《ゆうらんしゃ》、賜《し》杖堂《じょうどう》、瓊浦芙蓉社《けいほふようしゃ》、混沌社《こんとんしゃ》、芙蕖社《ふきよしゃ》、市院社《しいんしゃ》等々があり、いわば「百花斉放《ひやっかせいほう》」だが、その各々が自己の正統性を主張して一種の派閥争いに転じ、その末輩《まっぱい》は互いに罵詈讒謗《ばりざんぼう》を投げあうという形になった。そしてこれが相互に権威を否定し合う、自滅の道となって行ったわけである。

同時にこの影響は、幕閣だけでなく、一般人、町人階級にまで浸透した。『にっぽんの商人』で記したので詳説しないが、当時、衣食住はもとより、礼儀・作法等に至るまで中国式を模倣しようとした文化人があり、彼らは「唐人仲間」と呼ばれていた。『世間学者気質』〔無跡散人《むせきさんじん》著〕は、もったいぶり、見識家ぶるだけのこの「シーサン・ニーハオ」型唐人仲間の会合を、次のように皮肉たっぷりに記している。

何しろ日常でも「日よりの能《よい》をテンチン（天晴）。月のさゆるをハウヱ（好月）。雨がふればヒャアイユイ（下雨）。雷がなればライヒャン（雷响）」という有様《ありさま》だから、「くだんの唐人仲間の寄合《よりあい》」となると「何やらちんぷんかんぷん。唐人の小歌やら、日本人の寐言《ねごと》やら」。まず会合の挨拶《あいさつ》から「唐音で遣《や》りかけ、〔主人〕イウロウライヤ（有労来也＝御大儀によう御出《おいで》なされた）、〔客〕キウイイテキンナタイキヤアワンフウモ（久違得緊那大家万福麼＝久しう御《ご》ぶさた仕《つかまつ》った、どなたもおかはりも御《ご》ざらぬか）、〔主人〕チンゾー、チンゾー（請座々々＝先下《まず》に御ざれ）……もはや、きんにやう〳〵どらやあ〳〵から……」（『世間学者気質』巻之一より）。

——明治のはじめの「支那チンプンカン」という日本人による蔑称が、はじめは、日本人による「シーサン・ニーハオ型日本人」への蔑称であり、それが徳川時代に始まっていることは、明らかであろう。従って、儒者「家元」たちの百花斉放的な相互の罵詈讒謗とこれがいっしょになると、一切の権威を失って、ただただ蔑視の対象にしかならなくなり、最終的には、それが中国だということになってしまう。

松平定信の「異学の禁」は、弾圧と見るよりも、逆に「儒学の権威回復」のためこの状態に終止符を打とうとする政治的手段であったろう。しかしそれは、成功するはずはなかった。儒者は「廃儒棄孔」の必要もなく、その前に実質的に消滅し、その権威は、言うまでもなく、中朝事実的中国、すなわち日本＝天皇へと移り、中国は無視されていく。

儒者を一切信用しなかった田沼意次《たぬまおきつぐ》

だが、この移行の間に、いわば平田篤胤のブルドーザーが動き出す前に一種の「無権威・無思想・経済万能時代」ともいうべき空白期間が存在した。それはほぼ田沼意次の時代だといえる。もちろん、賀茂真淵《かものまぶち》、本居宣長、平賀源内《ひらがげんない》、塙保己一《はなわほきいち》などが、また前野《まえの》良沢《りようたく》、杉田玄白《すぎたげんぱく》などが、さらに上田秋成《うえだあきなり》あるいは山県大弐《やまがただいに》などが活動したのはこの時代だが、民衆にまで徹底した一時代の指導原理となるような権威ある思想、乃至《ないし》はその思想の象徴といえるような一人物が存在しなかったという意味では、一種の「空白時代」であった。

アメリカ的表現を使えば「ニクソンは有能な政略家かもしれぬが彼には心《ハート》がない、だから支持したくない」というような「ハートなき時代」であった。意次も、彼の政策をどう弁護しても、彼もまた心《ハート》なき人物であったことは否定できない。

徳川吉宗《よしむね》は確かに一種の武士的な心《ハート》をもった人物であったろう。だがこういう人物が「指導者として目立つ」こと自体が、すでに、一つの時代の終わりを告げていた。それは常に決して新しい時代の始まりではない。晩年の彼は自己の政策が結局失敗であったことを、思い知らされねばならなかった。

田沼意次は徳川期の「悪玉」とされているが、彼の時代こそ、いろいろな意味で興味深い時代である。公然たる汚職、進行するインフレ、それに基づく武士階級の経済的破綻《はたん》、一切の権威の失墜。日本人独特の行き方、いわば「人心一新」のため明和《めいわ》九年(一七七二年)に改元《かいげん》があり、安永《あんえい》元年となった——「めいわ九(迷惑)も昨日を限り今日よりは寿命ひさしき安永のとし」という希望的観測に基づく落首《らくしゅ》も出たが、すぐ、インフレ苦を皮肉って「年号は『安く』『永し』と変はれども　諸式〔諸物価〕高値　いまもめいわ九」という落首にかわった。

意次は儒者の経済論を一切信用しなかった。彼は経済成長・インフレ経済を推進し、その結果生じた輸入増による正貨の流失を注意され、前述のように白石の『宝貨事略』を示されたときも、日本列島を改造してGNPを倍増し、それによって生産された製品を中国に輸出して、逆に正貨を獲得すればよいと考えていた。

彼は、日本の経済的困難を中国を市場とすることで解決できると考えた最初の日本人（倭寇《わこう》には、そういう基本的な考え方があったわけではないから）であろう。この田沼意次的発想は、明治期にも、昭和前期にも、また現在にも出てきているが、興味深い点は、それらがいずれも中国の経済事情とは無関係に日本の国内事情にのみ起因していることである。同時にそれが常に中国文化への関心乃至《ないし》は中国の影響力が皆無に近くなったときに起こることである。

現在もほぼ同じで、人工的・作為《さくい》的「中国ブーム」などは、はじめからナンセンスである。

田沼時代は無思想・無権威・無道徳、行動の基準は金高《かねだか》のみといった時代に見られ、その象徴としての彼は後代の道学者《どうがくしゃ》のみならず、彼が軽蔑し無視した同時代の学者からも、徹底的な指弾を受けている。

しかしこの時代は同時に、藩の経済を建て直した「名君」、いまでいえば「名経営者」の出た時代で、意次の日本列島改造論も、結局は同じ発想である。いわば国内開発、生産増強、輸出増大、正貨獲得で、これを再投資して同じ循環で拡大再生産を進めようという行き方である。

この改造論のうち最大の規模のものは蝦夷地《えぞち》開発計画であろう。これは当時としては確かに大計画で、諸国から人々を集め、約七万人を移民・入植させて農地を開き、その長《ちょう》の弾左衛門《だんざえもん》の支配下に一つの自治体をつくる、そして土地が開かれれば自《おの》ずと諸商人も入り、北方の物産も取得でき、また人口も増えるであろうから、さらに開拓が進み、国富《こくふ》を増すと同時に北方への防衛の一助ともなる、という計画であった。

この計画は彼の没落とともに立ち消えた。しかしこれと同じような小計画は常に立案され、一部は実行され、特に銅山の開発には、彼は終始、実に熱心であった。

インフレをもたらした経済政策

彼が本当に「開国」を考えていたとは思えないが、輸出増強・正貨獲得の積極政策を進めたことは事実である。まず中国貿易の銀本位制は、彼（と思われる）の意見で、銅とのバーターになり、やがて銅七〇パーセント、俵物《たわらもの》三〇パーセントのバーターとなり、さらに正貨獲得へと進んだ。

この俵物とは海産物の乾物で、乾《ほし》あわび、フカのひれ、乾なまこで、長崎から集買人を各地に巡回させ、運上《うんじょう》を免除し、大いに輸出を奨励した。長崎会所《かいしょ》取調書によると、南《なん》部《ぶ》・津軽《つがる》・松前《まつまえ》から、実に多量の海産物が長崎に送られているのがわかる。蝦夷開発はこれとの関連であろう。

これを彼は輸出させ、出来る限り金銀にかえた。当時の記録を見ると、オランダ・中国の商人経由で、驚くなかれ世界中の金銀貨が集められ、その中には金銭トカアト、銀銭ロヘイ、スハンマット、安南《あんなん》板金、安南板銀、チベット金の名まで見える。これらで彼は、五匁《もんめ》銀と南鐐《なんりよう》二朱《しゆ》銀を造って流通させたが、物資の流出と硬貨輸入による過剰流動性はさらにインフレを促進させた。

この五匁銀と二朱銀の新鋳貨《ちゆうか》が、いわばインフレの象徴としてどれほど嫌われたかは、

「麴町《こうじまち》十三丁目下駄屋《げたや》甚兵衛《じんべえ》の書上《しょじょう》」にも見られる。

これは「廿《にじゅう》年以来諸色高直《こうじき》〔高値《たかね》〕に相成候《あいなりそうろう》儀は、弐《に》朱銀出《いで》候てより、西国方《さいこくがた》金相場、段々下直《げじき》ニ相成候……」と貨幣価値下落の指摘にはじまり、あらゆる階級のインフレ苦を訴えて「……御武家様百姓町人に至迄《いたるまで》、及《および》ニ難儀に一申候……日々通用何万両と申金《もうすきん》子《す》にて割《わり》候ては、広大の違に相成《あいなり》候、右諸国之《の》困窮か様《よう》之儀、其《その》根元と成候様に奉レ存候事……」で終わっている。

さらに真鍮《しんちゅう》の四文銭も鋳造《ちゅうぞう》されたが、これが文字通り民衆に嫌悪《けんお》されたらしい。この「書上」にも「四文銭之《の》裏に、青海波《せいがいは》之形《かたち》御座候も……」といってこれに言及しているが、これは発行されるとすぐ「ちかき頃青海鳥といふあく鳥出る、もとは田の沼より出る……毛黄にして、うしろに青海波をおふ……大あく鳥なり……」といった落首が出ている。

はじめは、町人たちはインフレ利得者として「金持《もっ》た町人百姓とかけて・鵜《う》のまねをする鳥《からす》ととく・意《こころ》は身の程しらぬ」といった批評もうけたが、やがて彼らにもその被害が及び「妙味諸人困究丸《こんきゅうがん》・㈠第一、困究する事妙也、㈠けんやくに用ゐてよし、㈠人の油をとるによし、㈠義理をかくによし、㈠事をかくによし、㈠はぢをかくによし。右用様毎日二三度づつ、さゆにてもちゆ」という落首も出た。

漱石の『猫』の「金田氏の三《さん》かく術《じゅつ》」はこれからヒントを得たものと思うが〈注八―1〉、意次自身には、最後まで、インフレというものへの理解が全くなかったように思う。

意次が決定的に見落としていたこと

確かに彼は「決断と実行」の人であった。このことは幕末の黒船《くろふね》来航のとき、幕府の要人がただただ右往左往して何も決断できないでいるのを見て、田沼意次なら「英雄無量の決断あるべし、三百石より五万七千石迄に昇進の才智、絶妙の場合あり」と『内安録《ないあんろく》』(内藤忠明《ないとうただあき》)に記されているが、その通りであったろう。

ただ「決断」の基本となる思想は彼に皆無であり、ただ吉宗の政策と「出世・昇進」という自己の経験則だけが基準であった。この点、秀吉に似た一面がある。

当時のインフレの責任は、すべて彼にあるとするのも、いささか酷《こく》であろう。彼の手でどうにも出来ない天災も飢饉もあった。また同時代のいわゆる思想家や学者にも、彼を批判する資格はあるまい。というのは、彼の政策の破綻を予測した者もなく、実行可能な反対意見をのべた者もなく、新しい事態に対処するための理論を提示した者もいなかったのだから。

しかし確かに彼にも大きな欠点があった。いわばハートの問題であり、それは少なくとも為政者《いせいしゃ》として、その時代の要請する政治道徳の基準は――たとえそれがいかなる基準であれ――無視すべきでないこと、当時の基準すなわち儒教の「修身斉家治国平天下《しゅうしんせいかちこくへいてんか》」は無視すべきでないことを、全く忘れていたことである。もっとも忘れていたのは彼だけでないが――。従って失脚と共に、当時の知識人はもとより庶民・町人からも、あらゆる非難罵倒がとんできた。

「水は出る　油はきれる　其《そ》の中に　何とて米の　高くなるらん。方々《かたがた》よろこべ　田沼は役《やく》が上がつたわ」にはじまり、「そもそもわつちが在所は、遠州相良《えんしゅうさがら》の城にて、七つ星からけいはくばかりで、おそばへつん出て、御用をきくやら、老中に成《な》るやら、……」と続

〈注八－1〉『吾輩は猫である』四章に、鈴木藤十郎《すずきとうじゅうろう》君の言葉として、次のように出てくる。「今もある実業家の所へ行つて聞いて来たんだが、金を作るにも三角術を使はなくちゃいけないと云《い》ふのさ――義理をかく、人情をかく、恥をかく是《これ》で三角になるさうだ面白いぢやないかアハゝゝゝ」。

き、「……是迄《これまで》いろいろだましてとつたる五万七千、名ばかり名ばかり、七十づらにて、こんなつまらぬ事こそ有《あ》るまい、……天運つきたる、かなしいこんだに、ホーイ　ホイ」で終わる戯歌《ざれうた》「ちょぼくれちょんがれ」まで、当時の庶民は、彼が、自分の利得のためにインフレを起こしていると考えて徹底的に糾弾した。

また作者不明だが、当時「田沼主殿頭殿《とのものかみどの》江被仰渡書《おおせわたされがき》」という題で、幕府が意次にその罪責を申し渡したような形式の創作がある。これは二十五カ条よりなり相当の知識人の創作と思われるが、結局彼は、最終的には私利私欲のためすべてを行なったと糾弾している。

第一条には「……下《しも》之痛に成候《なりそうらえ》ても上《かみ》之御利益付《つき》候へば、諸事無二遠慮一興行申候、仍《すなわち》レ之姦智《かんち》之者共、近年吝嗇《りんしょく》之筋より立身仕《つかまつり》、諸大夫《しょだいぶ》に至《いたり》候人も間々有レ之候、是等は民《たみ》之油をしぼり、上《かみ》之御仁徳を損《そこない》候て不忠不義可レ申様無《もうしようなき》次第に候……」とある。

また彼があらゆる方法で集めた財の一覧表というのも創作された。それにはまず「関東米・拾二万俵、畿内《きない》米・二拾五万俵、奥州米・百二拾万俵……」合計八百六拾二万八千俵、にはじまり「油二百八拾万樽、金七億八拾万樽（？）……」等々とある。

もちろん事実ではない。しかし、これは彼に、非常に無神経に自己の蓄財を誇示する成金趣味があったためでもある。彼にとっては「財の誇示」だけが、自己の権威づけであったからであろう。

もっとも収賄《しゅうわい》・売官《ばいかん》・利権あさり・役得《やくとく》は、当時は彼だけとはいえなかった。何しろ毎日のように、何かをもって何十人という人が面会に来た。池を掘って、彼が何気なく「鯉《こい》を放つか」といって登城し、帰宅してみたら池の中に鯉があふれていた、というのが実情であった。

世の中には権威といえるものがなく、彼自身、財力以外の権威は認めなかった。しかしそれは結局、幕府の権威をも失わせる結果にすぎなかった。いかなる政府であれ、その為政者がこれほど決定的な不信と嘲罵《ちょうば》をうけては、その政権を維持することは不可能である。

つづく松平定信の政策は、結局は、自己の修身斉家《しゅうしんせいか》を基礎とする幕府の権威の復興であった。人びとは権威の復興を望んでいたので、それで小康を得たといえる。しかしそれは結局は失敗であった。彼には、新しい政策はなく、田沼時代の政策をすべて停止したというだけであったから。

結局、儒者と中国の権威はしだいに影をうすくしていき、この風潮と篤胤の「中国人犬猿論」が一つになって一種の「空白地帯」をつくり、そこに『日本外史』「国学」が新しい権威「中国=天皇」として登場してきた。

そして明治四年まで、日本人は国内の動乱と欧米諸国との折衝に追われて、中国の存在そのものまで、忘れていたといえる。

しかしあらゆる面から見て、日本人の目が「天皇」と「西欧」に向きはじめたのは田沼時代であるといえよう。従って、彼に具体的な「開国政策」があったと考える人がいても、不思議ではない。しかしこの「決断と実行」の人に、そういう「構想」があったとは思えず、ただ予期しなかった目前の現象に対処するための、場当《ば》たり的な思いつきの域を出なかったであろう。

いまだ火種を残したままの琉球問題

林子平《はやししへい》の『海国兵談《かいこくへいだん》』(一七八八年より刊行)から明治四年(一八七一年)まで、日本は半ば中国を忘れていた。明治とともに中国への渡航者が多くなり、その必要上から、四年に伊達宗城《だてむねなり》が北京に行って清国政府と修好通商条約を結んだ。実に秀吉以来はじめての「日中国交回復」である。

しかしそれは、まことに事務的な折衝で、だれ一人これを歴史的事件とは思わなかった。第一、宗城は大蔵卿《おおくらきょう》であって外務卿ではない。そして今では、こういう事実があったことすら、多くの人は忘れている。

ところがすぐさま両国間に問題が起こった。琉球問題である。琉球は「両属の国」である。しかし日本は廃藩置県と同時に、これを一方的にまず鹿児島県へ編入した。そして翌年、琉球王尚泰《しょうたい》を琉球藩主として華族にし、十二年（一八七九年）、琉球藩を沖縄県とした。明治四年というと清国は長髪賊《ちょうはつぞく》の乱のときであるから、いささか相手国のどさくさにまぎれて、既成事実をつくってしまった感がある。

十二年の置県と同時に清国から抗議が来て、いわゆるグラントの仲裁〈注八－2〉となった。これによって十三年（一八八〇年）に出来上がった協定は「沖縄分割案」で、それでは宮古《みやこ》・八重山《やえやま》両群島は中国領であって日本領ではない。日本側はこれを承認し、中国側は拒否した。従って中国側に関する限り、沖縄の帰属は

〈注八－2〉　グラントは南北戦争の英雄にして、アメリカ合衆国第十八代大統領。引退後世界一周旅行の途次、日本を訪問。このとき琉球問題についての日清間の調停を試みた。

今なお法的には未確定の問題である。また日本側に関する限り、宮古・八重山両群島は日本領ではない。従って将来情勢の変化とともに、中国が、沖縄全島もしくは宮古・八重山両群島を中国領だと主張しだすことがあっても、別に驚くにはあたらないし、根拠のないことではない。

そしてこういう問題を、何らかの機会に法的に決着をつけておかないのは、日本の「悪《あ》しき伝統」の一つかもしれない。

ただこのことを当時の政府が、中国を無視して一方的に強行したと考えるのは誤りで、日清戦争までの日本人の「対清恐怖」は、日露戦争後の日本人には想像もつかぬほどで、「病的」といえるのではないかと思われるほどだ。すなわち「極力触れまい、どうしても交渉が必要なら、だれかに仲介に立ってもらおう」という態度であった。

同じ態度は、同じころ起こった台湾事件にも見られる。これは明治四年と六年に、琉球と備中《びっちゅう》の日本人漂流民が〝生蕃《せいばん》〟に殺害された事件に端《たん》を発《はっ》している。六年、前記の修好通商条約批准書交換のため外務卿副島種臣《そえじまたねおみ》が北京を訪れたとき、この件について清国に質問した。清国は「生蕃は化外《けがい》の民《たみ》」従って「その行為に清国は責任を負わない」旨答えた。そこで日本の台湾出兵となり、永久占領を計画したが、清国側の抗議でいとも簡単に撤兵している。このときも在北京のイギリス公使ウェードが中介に立っている。

何とも解釈のつかぬ征韓論

明治初期の日本人の大きな特徴は、その姿勢が非常に柔軟であり、実に巧みに撤退したことであろう。彼らには一見、後代の日本人のような硬直した態度がないかのように見える。台湾問題でもそうだが、樺太《からふと》問題でも同じであった。幕末以来のロシアとの間の懸案も、黒田清隆《くろだきよたか》の、樺太を放棄して全力を北海道の開発にそそぐべきだというきわめて常識的な意見が通って、明治八年の千島《ちしま》樺太交換条約になっている。——ところが、常に常識的だと思っていると、ここに不意に、異様な事件に遭遇するのである。それが、何とも解釈のつかない奇妙な事件すなわち「征韓論」なのである。

一体全体「征韓論」の起こった原因は何か。実質的には皆無といわねばならない。征韓論者によると、原因は韓国が日本に非礼であったということだが——さて、非礼が開戦の理由になるとは、何としても不可思議な話である。もし、このとき「征韓」が実施されていたら、おそらくそれは、南京城総攻撃以上に、世界史上最もわけのわからない戦争になったであろう。

もっとも、わけがわからないから、私は、好奇心を抱かざるを得ないわけだが。――先日ある雑誌で「金大中事件《きんだいちゅう》」を「征韓論」になぞらえて批判している小論を見たが、その人の言っていることは、かつて大久保利通《おおくぼとしみち》が主張したこととほぼ同じなので、まず大久保の反論を手掛りにしよう。

大久保の主張の趣旨を要約解説すれば次のようになるであろう。「韓国が非礼だというう。しかしそういうなら一体全体、日本に不平等条約を押しつけ、日本に駐兵さえしている列強はどうなのか。韓国は何も日本に不平等条約を押しつけたわけでもなければ、日本に駐兵して治外法権《ちがいほうけん》を主張しているわけでもない。主権を侵害している者があればそれは列強であっても韓国ではあるまい。非礼が原因なら、まず『征列強』を強行してこれらを一掃しなければなるまい。それをしないで『征韓』を主張するとは全く論理が通らない。従ってまず国力を増強して、列強の『非礼』を排除すべきだ」と。

この議論には論理的には反対できない。征韓論者が一種感情的に憤激したのは、彼の「反論できない冷たい」議論であったと思われる。

西郷隆盛《さいごうたかもり》の論理

では一体、なぜ西郷は「反論できないほど脆弱《ぜいじゃく》な主張」を強行しようとしたのか。またなぜ、この議論に敗れたことが、政府との訣別、隠退にまでなるのか。いろいろな見方が成り立つと思うが、少なくとも西郷の主観的な見方での征韓とは、いまの言葉でいえば友邦《ゆうほう》への「革命の輸出」いわば主観的「解放戦争」なのである。その革命は彼が生涯推進してきたものだが、それを欧米列強という「外国」に輸出する気は、もちろん彼にはない。従って彼から見れば、大久保の議論はひどい詭弁《きべん》になるだけでなく、それは明治政府が、彼が推進してきた革命政府であることをやめるという宣言でもあった。

確かに明治六年九月十三日の岩倉《いわくら》・大久保一行〔岩倉具視《ともみ》を団長とする遣米欧使節団〕の帰国から、同年十二月二十五日までの三カ月間は、岩倉・大久保による「宮廷内革命」の様相を呈《てい》した〔いわゆる「明治六年の政変」〕。

太政大臣三条実美《さんじょうさねとみ》は事態を収拾できず、仮病を申し立てて辞表を出し、家にひきこもってしまう。そこで太政大臣代行となった岩倉具視が、征韓の非を上奏し、十月二十三日にこれの中止が決定される。隆盛は憤慨して翌日辞職する。そして翌々日には副島・後藤《ごとう》〔象二郎《しょうじろう》〕・板垣《いたがき》〔退助《たいすけ》〕・江藤《えとう》〔新平《しんぺい》〕の諸参議が続々とやめ、ついで次々と文武官が辞職して政府は崩壊しそうになる。
具視は、非征韓上奏の責任者として徹底的に憎悪されたので、事態は収拾できない。いわば門閥として、また政治的無色として、何とか収拾できそうなのは三条実美だが、彼は、辞意が固くて家から出て来ない。ついに何としても収拾できず、明治天皇は自ら三条実美の家に行き、彼をひっぱり出してきた。

こういう例は日本史において空前絶後であろうが、明治天皇の指導権が確立したのはこの時であったであろう、と私は考えている。その時、彼が実美《さねとみ》に与えた宸翰《しんかん》・自筆書簡の写真が今手許《てもと》にあるが、到底、宮廷文書の文字とはいえず、興奮し精神が動揺している一《いち》人間の走り書きである。それは次のように記されている。

汝《なんじ》実美《さねとみ》再三辞表之《の》趣全《まつた》ク職掌《しよくしよう》ニ対シ至誠ノ衷情《ちゆうじよう》ニ出《い》ツ朕之《ちんこれ》ヲ容納セリ然《しかり》ト雖《いえど》モ方《ほう》今《こん》国家多事《たじ》ノ際朕カ股肱《ここう》一日モ不可欠《かくべからず》更《さら》ニ汝ニ親任ス実美其《そ》レ之《これ》ヲ勉《つとめ》ヨ

ここで隆盛の考えていたような天皇制は終わり、天皇家幕府が出来て、その外交政策はほぼ勝海舟《かつかいしゆう》の路線に沿って進み出したわけである。

岩倉・大久保の一行が海外視察で知りえた程度のことは、とうの昔に、勝海舟は知っていた。回り道をして、何か新しい方針を樹立したように見えたが、実は海舟を外務卿にすえておけば、そのままか、もっと巧みに行なったであろう道を、また新しく進み出しただけであった。

そして徳川時代に育《はぐく》まれ、明治政府へと到達させた「勤皇思想」は、西郷と共に再び「野《や》」に下っていくのである。そしてそれが後に、天皇思想が天皇家幕府に立ち向かい、新しい征韓論へと進んで行くわけである。

九章

「外なる中国」と「内なる中国」

——二・二六事件の将校に連《つら》なる近代日本の天皇観と中国観

「天皇家幕府」対「尊皇思想」の対立

天皇家幕府の創立は、さまざまな問題を引き起こしたが、結局それは西南《せいなん》の役《えき》・西郷隆盛の自殺で当面の終止符を打った。だがこのことは、もちろん日本人の唯一の政治思想であり、同時に唯一の政治運動の基本であった尊皇思想に終止符を打ったわけではなかった。そしてここに「天皇家幕府」対「尊皇思想」という非常に興味深い対立が起こってくるのである。

統治が一つの政治思想を基《もと》にしなければ不可能なことは言うまでもない。そして日本を実質的に統治して来たのは、頼朝以来、幕府であった。天皇家が江戸に乗り込んで来て、実質的に日本を統治するとなると、幕府化してはならないと言っても、それは無理である。従って、「天皇家幕府」対「尊皇思想」という対立は、あらゆる革命政府と同様に、起こるのが当然であった。

その対立の嚆矢《こうし》は言うまでもなく西郷であった。尊皇思想の体現者として最も天皇に信頼された彼が、天皇家幕府に対立して去り、叛逆者《はんぎやくしや》となる。この問題に対処した明治天皇の態度は、政治家としては極《きわ》めて妥当であったろうが、一方それは、西郷を一種の思想的「殉教者」とすることによって、尊皇攘夷と征韓論を後代に申しおくる結果となったことは否定できない。

「右翼」といわれる奇妙な存在

彼の思想を受けついだのは、もちろん、彼と敵対した新しい幕府＝明治幕府ではなかった。確かに明治政府も尊皇であったが、そういう尊皇なら、徳川幕府もおそらく明治政府以上の尊皇であった。尊皇思想は、王政復古という名の擬似中国化革命思想に基づく天皇の親政であって、この全理念に適合しないものは、それがいかに儀礼的に「尊皇」であっても、それは彼らにとっては徳川幕府の尊皇と同じで、従って討幕の対象でしかない。

西郷が西南の役の指導に消極的であったという証拠は、実はどこにもないのであって、おそらく彼は「もう一度、井崗山《せいこうざん》にこもって革命をやりなおす」といった毛沢東のように〈注九－1〉、維新をやりなおすつもりだったのであろう。

〈注九－1〉 井崗山は、中国の江西省《こうせいしょう》と湖南省《こなんしょう》との境にある山塊《さんかい》。一九二七年に毛沢東は、ここで最初の農村革命根拠地を建設した。一九六六年からの中国文化大革命も、〝初心に戻ろう〟とばかり、ここで方針が決められた。

従って、彼の思想を受けつげば、維新はやりなおし、それに基づいて尊皇思想的王道楽《おうどうらく》土《ど》を築く必要があるはずである。そこで尊皇思想は、再び野《や》に帰り、その発生のときと同じように、まず民間人に、ついで〝志士〟と一部の軍人に受けつがれて行くのである。

この尊皇思想と征韓論が、ほぼそのままの形で最終的な姿(今までのところでは、そして将来再び表われないと仮定すれば)で出て来たのが、二・二六事件と日支事変であった。

戦前の日本の「右翼」と言われた人びとは、調べれば調べるほど奇妙な存在といわねばならない。元来、西欧の右翼とは、西欧の政治思想、政治運動において、左翼と対立する概念、もしくは団体のはずである。

フランスの人民戦線に対立したド・ラ・ロック大佐の「火の十字団」であれ、社共的政権とそのゼネストに対立したファシストであれ、またフランコ政権であれ、ナチスであれ、「対左翼」という意味で右翼といい得、「対左翼」という形で右翼が進出したのであって、右翼独裁政権に壊滅される以前に、左翼なき「野党右翼」が存在することは、実に奇妙な現象であるといわねばならない。

ところが戦前の日本には、人民戦線内閣はもちろん、一つの強固な政治勢力としての左翼は存在していなかった。労働組合は、殆《ほとん》ど無抵抗で産業報国会に改組《かいそ》しうるような存在であったし、社会主義者も、いわばごく初歩の啓蒙家・警世家として存在していることにすぎず、今ではその名を冠せられている人の中にも、はたして「社会主義者」の定義に合致しうるか、私自身、非常に疑問を抱かざるを得ない人が多い。

とすると、同じように、日本で右翼といわれた人びとに、はたして西欧の右翼の定義がそのままあてはまるのか。まず二・二六事件だが、これが右翼の青年将校のクーデターなら、殺害された人びとは左翼の巨頭のはずである。だがこの犠牲者を左翼と見なしうる人は、いないであろう。

ではこれは単なる右翼内の権力闘争なのであろうか。そうではない。彼らには、自らが権力を掌握しようという意志はないのである。さらに奇妙なことに、叛乱《はんらん》という意識が全くなく、天皇の権威と権力に挑戦しているなどという意識は、はじめから終わりまで、全く皆無なのである。天皇が任命した高官をその目の前で射殺することも、無断で兵力を動かして蜂起《ほうき》することも、彼らにとっては挑戦でなく絶対服従なのである。彼らは本気で、心底からそう信じて疑わない。一体なぜこういう奇妙なことが起こったのか。

言うまでもなくこれは、彼らが絶対視しているのは尊皇思想の象徴、すなわち「自らの内なる天皇」であっても、天皇家幕府でも天皇というその人でもないからである。尊皇思想は天皇その人とも天皇家とも関係なく、竹内式部の場合のように、むしろ朝廷から弾圧されながらも、主としてまず民間から起こって来た事実を思い起こし、西郷の死とともにまたそれが野《や》に帰ったことを考えれば、これはむしろ当然のことかもしれぬ。

彼らが自分たちの行動を昭和維新と呼び、明治維新をやりなおして未達成の部分を達成すると考え、尊皇討幕を一字かえて尊皇討奸《とうかん》としてこれを一種の標語とし、自らを尊皇義軍とか維新部隊とか呼んだのも、一《いつ》にそのゆえであろう。この場合、「幕」のかわりにおかれた「奸」は、言うまでもなく天皇制を歪曲《わいきょく》している天皇の政府であった。歪曲と思う以上、歪曲されざる一つの基準があるはずで、その基準こそ彼らの「内なる天皇」であり、それを培《つちか》ったのは、今まで述べてきた尊皇思想であった。

彼らは、この「内なる天皇」を現実に存在する「外なる天皇」と同一視したから、彼らの考えでは自らが尊皇義軍であり、天皇に任命された政府は〝奸〟であった。このことは彼らの行動に実によく表われている。彼らが終始切望していたのは、彼らが絶対に忠誠であったこの「内なる天皇」が「外なる天皇」と一体であるという天皇の証言であった。

こういう行動は、少なくとも西欧の定義による右翼の行動でもなければ、軍国主義者の行動でもない。西欧の右翼にこういう行動を求めたら、とたんに失笑し嘲笑するであろう。

「奸」と規定された最大の理由の一つは、天皇家幕府は明治四年以来、幕府の伝統的な開港和親と欧化政策を取りつづけてきたからであろう。「洋夷を斬る」と言っていたその人が鹿鳴館《ろくめいかん》で踊っていたというような現象面はともかくとして、いかに「幕府的尊皇」で表面を覆《おお》おうと、当時まで、日本にとって絶対の規範は西欧であっても尊皇思想ではなかった。それが尖鋭的に表われたのが、二・二六事件の発端である「天皇機関説と国体明徴《めいちょう》問題」である。

この議論は結局は、天皇を西欧の法的基準で定義するか、尊皇思想の基準で定義するかという問題であろう。従ってこの論争にはもちろん、西欧政治思想内の右翼・左翼という問題は出てこない。天皇機関説の美濃部達吉《みのべたつきち》氏の思想と行動と経歴に左翼を求めることは、明徴問題を軍の内部に持ち込むまいとしたため、機関説肯定者として殺された陸軍の教育総監に左翼を求めるのと同様に、ナンセンスであろう〈注九－2〉。

この論争は実に奇妙な論争である。西欧に天皇は存在しないから、西欧の基準で天皇を定義すること自体こっけいであり、無意味である。これをこっけいとも無意味とも考え得ないことは、西欧を絶対の権威と考え、すべての基準をこれに求めているからにほかならない。西欧だけが世界ではない、従って西欧の基準で規定できない存在は、この世界にいくらでも存在する。だが当時のヨーロッパはその考え方を肯定しなかった。西欧が絶対であった。

従って機関説を肯定すれば、西欧という基準が天皇をも規定する絶対者になる。だが一方、尊皇思想でそれを拒否すれば、尊皇思想による「内なる天皇」を抱くその者が、その思想で天皇自身をも規定できる絶対者になってしまう。従って奇妙な論争という以外に言いようがない。

両者とも、自分の規定が何ゆえに合理性をもつかを、論証しえないのである。すなわち一方は尊皇思想がどのように形成されていったかを何も知らないから、なぜその思想で天皇が規定されるべきかを説明できない。また一方は、西欧の基準で天皇を規定することが、何が故《ゆえ》に合理的であるかが論証できない。権威を借用した器用な追随者の悲劇であろう。

従って議論は成り立たず、すぐ非難になるわけだが、非難となれば尊皇思想側が強いことは、いうまでもない。なぜならこの思想は日本で生まれた唯一の政治思想であり、明治はその思想によって生まれたのであっても、西欧の法的基準で生み出されたものではないからである。しかし一方では、明治四年以降天皇家幕府は、一貫して、西欧の法的基準を絶対化しこれを援用して組織がえを行ない、その際、尊皇思想に基づく天皇の絶対化を西欧的基準の絶対化と同定化することによって、これを遂行してきた。そしてこの矛盾を思想史的に解明して解決しておこうとは、だれも考えなかった。もちろん、戦後もだれもそれを考えなかったのだから、彼らを非難するわけにはいかない。

従って尊皇思想でこの同定化を否定すれば、尊皇思想に基づく「内なる天皇」を抱くその者が、あらゆる権威と権力を越えて、その思想で天皇自身をも規定できる絶対者になってしまう。そしてこの権威を拒否する者がいれば、究極的には、それが天皇自身であって

〈注九－2〉 皇道派・真崎甚三郎《まさきじんざぶろう》の後任として教育総監となった渡辺錠太郎《わたなべじようたろう》は、イデオロギーに関係のない常識人で、軍内部に政治的な問題を持ち込ませまいとしたが、二・二六事件で襲撃を受け殺害された。

も排除できることになるであろう。二・二六事件の首謀者の一人の遺書は、はっきりと、このことを表わしている〈注九－3〉。

「外なる中国」は排除される

尊皇思想は、すでにのべて来たように、朝廷とは関係なく、「内なる中国」の絶対化から「内なる天皇」の絶対化へと進んだ。従って「中国」対「私」、「天皇」対「私」という関係は存在しない。それを認めれば天皇対幕府という関係、従って幕府の存在そのものも正当化されるからであり、尊皇思想はその否定の上に成り立っているからである。

このことは、「内なる中国」「内なる天皇」を絶対化し、この内なる対象と自己を一体化することによって、ただ一人で幕府に対抗できた勤皇の魁《さきがけ》・竹内式部の例が、明確に物語っている。従って「尊中」「尊皇」においては、「外なる中国」や「外なる天皇」が、自らの意志で自分たちに対立することは、ありえないはずで、あると仮定すれば「尊」という思想は成り立たないのである。

従って、このありえないことが現実になったとき、彼らは常に、二つの態度しかとりえない。すなわち「外なる中国」「外なる天皇」の意志を、絶対者なる自らの「内なる中国」

「内なる天皇」の意志として、進んでこれに土下座し、相手の意志通りに「内なるイメージ」を改変すべくひたすら「反省」し、誤れるイメージを抱いていたことを懺悔《ざんげ》して、相手の言葉をそのまま自らの言葉として悟《さと》るか、または、「内なる中国」「内なる天皇」をあくまで絶対者として、その中国、その天皇のために「外なる中国」「外なる天皇」を排除するか、もしくは自己のイメージに合一《ごういつ》するように作りかえるか、という二者択一しかない。

そしてこれは、尊皇思想が育《はぐく》んだ心的態度であり、日本人は現在でもこの心的態度においては変化はない。それは「親中国」「親アラブ」によく表われているであろう。もちろん「経済的要請に正義が扈従《こじゅう》する」のは日本だけではないが、日本の場合は、対象と自分

〈注九—3〉磯部浅一《いそべあさいち》をさす。彼は事件当時、退職一等主計《しゅけい》だったが実質的には総指揮官であり、自ら総参謀長と称していた。事件後、自分たちを処刑しようとしているのが「君側《くんそく》の奸《かん》」ではなく、天皇その人であることを知った時の怒りはすさまじく、残された日記や遺書には、まさに天皇を呪《のろ》いに呪って呪い殺さんばかりの記述があふれている。詳しくは、山本七平著『昭和天皇の研究』(祥伝社新書)第八章「天皇への呪詛《じゅそ》」参照。

を対立関係におくことを否定することを、「親」と考えることに特性があるといえる。

この場合、中国とかアラブとかいう対象は、実は日本人の内なるイメージであり、日本人はまずこれを絶対化し、ひたすらこれと自己を一体化することに努める。そして一体化したと思い込めない限り、精神的に安定できない。

従って「外なる中国」「外なるアラブ」は逆に排除されねばならなくなるから、その実態を出来る限り正確に伝えようとする者がいれば、それは当然に「反中国」であり「反アラブ」になる。そしてこのことが実に明白に出てくるのが、二・二六事件であり、日支事変であり、日中和平であり、またいわゆる「土下座記事」であろう。

二・二六事件の海外版

尊皇が歴史的には尊中であることはすでに何回ものべた。従って以上のことが、中国関係において典型的な形で表われるのは当然であろう。民族の行動の思想的基盤は、対内的にも対外的にも同一であることは、言うまでもない。差があると見えるのは表われ方の差か、一時的・末梢《まつしよう》的な外交的技術の差にすぎないわけである。

従って日支事変がそのまま二・二六事件の海外版という型で表われ、そのため日本の軍事行動が世界のだれにも理解できなくても不思議ではないのである。いわば尊中討奸・尊中攘夷なのである。従って二・二六事件の首謀者が自分たちの軍事行動を叛乱とは考え得なかったように、当時の日本人は、中国への軍事行動を侵略とは考え得ないのである。

だが、なぜ「考え得ないか」、なぜ「考え得なかったか」を今でも考え得ないのだから、日本の行動が今でも、当時と同じように理解しがたいのは当然であろう。

もう一度いえば、その基本にあるものは尊皇思想である。すなわち「内なる中国」を絶対化し、「尊中」でそれを自己と一体化することが親中国であるから、二・二六事件の将校の対天皇と同様、対象として外在する「外なる中国」は、無視されるどころか、はじめから存在しなくなるのである。それゆえ中国対日本という関係で両者をとらえることはできない。

従って「外なる中国」が自らの意志で、「内なる中国」の前に立ちはだかったとき、日本人は、二・二六事件の将校と同じ態度にならざるを得ないわけである。すなわち「内なる中国」を絶対視し、これを中国として「外なる中国」を排除するか、「外なる中国」の意志を「内なる中国」と一体化し、これを絶対化してその前に土下座するか、である。

これが、はじめに、南京を総攻撃するのも中国に土下座するのも同じことだと言った理由であり、同時にそれは、二・二六事件を起こすのも天皇に土下座するのも同じことである理由と同一である。

二・二六事件の首謀者の「尊皇」が、現実には徹底した天皇無視となるのと同様に、日支事変の「尊中」が現実には徹底した中国無視になる。日本人には中国と戦争をしたという意識がないという批判があったが、これは当然で、二・二六事件の将校に「天皇と戦った」という意識がないのと同じである。

たとえ天皇自身が、自ら近衛師団を率《ひき》いて彼らと戦うと言っても、彼らにその意識をもたせることは、不可能である。はじめから、自らの意志をもって行動する「外なる天皇」は彼らには存在せず、「内なる天皇」しかないからである。従って現実に中国が日本と対抗したとき、日本政府は、世界史上類例のない珍奇な声明を発表した、「蔣介石を相手とせず」と〈注九－4〉。

「相手とせず」なら声明を出す必要がないはずである。従ってその真意は、その後に補足的に出された「蔣政権が『日本の〝内なる中国〟に適合するようそのイメージを』更新するなら」受け入れるという声明に表われている。これはまさに、二・二六事件の将校の、自分たちの「内なる天皇」と「外なる天皇」とが同一であるという天皇自身のメッセージが欲しい、ただそれだけが欲しいという態度と同じであろう。

「内なる中国」と「外なる中国」が区別できない

ここまで到達するには、明治以降の日中交渉史も、もちろん無視できない。済物浦《さいもつぽ》条約から二十一カ条要求、またさらに太平洋戦争に至るまでの日本の行き方は、一言で要約すれば、西欧の中国侵略の成果を相続する形で進められてきた。ロシアの利権の継承から香《ホン》港《コン》の領有宣言までを簡単に要約すれば、次のようになるであろう。

中国のインドシナにおける敗退と日本による敗退は、西欧を一斉に中国に進出させた。世界いずれの国であれ、このような一斉〝攻撃〟にさらされれば、一時的に後退するのは当然である。すなわち明治二十九年ロシアは東清《とうしん》鉄道敷設《ふせつ》権と鉱山採掘権を、三十一年ドイツは膠州湾《こうしゅうわん》租借権と山東省《さんとうしょう》内の鉄道敷設権を、また同年ロシアはさらに関東州租借権（ただし期間二十五年）と東清鉄道支線敷設権を、同年イギリスは中国の軍港威海衛《いかいえい》と、そ

〈注九－4〉日本軍が南京に入城した翌月の昭和十三年（一九三八年）一月、近衛首相が発した声明。

の付近および九竜《クーロン》半島接続地の租借権を、またフランスは翌年広州湾《こうしゅうわん》の租借権を、それぞれに獲得した。

これに対して日本はまず日露戦争でロシアの利権を継承したが、この際中国は全く無視され、継承の事後承諾を承認させせられるにとどまった。そして第一次大戦でドイツの利権を継承したが、このときは、中国政府無視は不可能であった。というのは、ロシアの関東州租借権の期限はその設定から二十五年である。日本はこれの延長に、継承したドイツの利権を利用しようとした。すなわち将来一定の条件下に膠州湾を中国に返還することを条件に、関東州の租借期限をロシアによる設定後九十九年まで延長することが交渉の主眼であったと思われる。

日本は自己の提案の重要性を何ら意識していなかったように見える。それはこの提案は、日本が継承者としてでなく、新たな当事国として、中国に、差引《さしひ》き七十四年の利権の設定を新規に要求しているに等しいからである。しかも中国は第一次大戦においては、日本の同盟国であり、ドイツの利権は日本が干渉しなければ、そのまま中国に返ったであろう。

さらに同時に提案された条項、すなわち二十一カ条の条項は、中国を憤激させた（一九一五年）。実際に締結されたのは、十三カ条であったが、この締結日の五月七日は、永《なが》らく中国の「国恥日《こくちび》」として記念されることになった。当然であろう。

この事件は日本を「反省」させた。当時は、日本の中学教科書にまで、二十一カ条要求への長々《ながなが》しい釈明が載っている。だがこの反省が、自己が西欧と同じような行動を中国に対してとったという方向に向き出すのである。と同時に中国は、自らの西欧化によって、西欧の利権の継承者である日本と対抗するという方向に動き出し、その旗手として蔣介石が登場し、米中の握手にと進み出す。

こうなるところに、二・二六事件の発生と同じ前提が、日中の双方に出来てくるわけである。すなわち、日本政府も蔣政権も一種の幕府となってくるので、尊皇思想は、双方と対立せざるを得なくなって来る。そこで尊皇を標語に天皇の政府に決起《けっき》し、親中国を標語に中国に進攻するという形が当然に出てくるのである。

そしてそこに、尊皇思想の帰結『中朝事実』が「東亜の盟主」という新しい表現で登場するわけである。東アジアに「盟主」といわれるものが存在したなら、それは中国であっても日本ではない。そして、明治四年以降は潜在していたこの『中朝事実』は、実にさまざまな形で、時々、歴史に顔を出し、中国革命の主観的な〝援助者〟が、二・二六事件の理論的指導者であったりする〈注九－5〉。

だがその間の事情は何よりも、近衛公の手記に記されている中国大使の言葉が示していよう。彼の言葉を要約すれば、「中国は他国である。日本は中国を他国と認識してくれればそれでよい」。そうすれば、「今ほど日本にとって、対中国外交がやりやすい時はない」と。この言葉は「外なる中国」の存在をはっきり認めよ、ということにほかならない。

ところが当時の日本人は、もちろん近衛公も含めて、自らの「内なる中国」が、中国とは関係なき尊皇思想の帰結として自らの内にあるイメージであって、「外なる中国」とは別だということが理解できないのである。従って認識しようとすればするほど、「内なる中国」を絶対化し他国という意識がなくなって、現実の中国を排除してしまう結果になる。さらに世論となるとこれが徹底していて、「外なる中国」が、自分の「内なる中国」のイメージ通りに行動してくれないと、じれている子供のような態度になっている。従って二国間の取引というものが、何としても成立しない。これではトラウトマン斡旋案だけでなく、非公式にも、両者を斡旋しようとする者は、すべて失敗せざるを得ない。そしてその原因は常に日本側に存在し、そして本論のはじめにのべた通り、「すべては始めた如くに終わった」わけである。だが「終わり」は常に「始まり」なのである。

日本文化の特質は周辺文化

連載を始めた当初は一、二回のつもりが意外に長くなってしまった。もちろん本ものの「日中交渉史」は、膨大な著述を要請するであろう。そしてその「交渉史」に、中国の巨大で一方的かつ絶対的な影響力と、その影響をうけ、かつそれに対抗する形で形成されていった日本の文化を含めれば、「交渉史」はそのまま「日本文化史」になってしまうであろう。この小文はもちろんその要請には答ええない。

しかし要約して簡単にいえば日本の文化は辺境の文化であり、日本の歴史は辺境史である。従ってその位置も歴史も、必ずしも他に例のない独特のものではない。ただ独特な点は、その対象が中国であったという点だけである。従って、日本の行動も「文化流入の道を逆にたどって進攻する」という古代以来多くの周辺諸民族のとった行動と、基本的には

〈注九－5〉　北一輝《きたいっき》をさしている。北は、辛亥《しんがい》革命直後の中国に渡り、宋教仁《そうきょうじん》らを支援した。その経験を踏まえて帰国後に『支那革命外史』を著わしたが、再び中国へ渡って五・四運動に直面し『日本改造案原理大綱』（後に『日本改造法案大綱』と改題）を発表した。これが二・二六事件の皇道派青年将校に大きな影響を与えた。

差はない。

同時に『中朝事実』的な考え方、「日本こそ〝真の〟中国である」といったような主張も、人類の歴史に決して珍しくない。それは周辺諸民族が必ず一回は通過する道である。そしてそれが行なわれたときに、一つの文化が受容されたと見るべきであろう。

この点、ある一時期の日本のアメリカへの主張の基盤が、日本こそ真の民主主義国という自己規定であったのに似ている。それは、日本人の反戦運動がきわめてアメリカ人のそれと似《に》、アメリカ知識人の反ニクソン感情を日本人がそのまま分け持てるほどだが、しかし日本には民主主義といえる伝統はもちろんない。わずか半世紀以前にすら、皆無なのである。

そしてこれが、文化の受容の型なのである。徳川期の中国への態度も、これと極めて似た一面をもっていた。これが、周辺文化の一つの特徴である。

人類に大きな影響を与えたのは、実は、この周辺文化であることも否定できない。古くはイスラエルがエジプト・バビロニアの周辺文化であり、ギリシアは東方の周辺文化であり、近くはイギリスが西欧の周辺文化であった。

もちろん周辺文化が常に大きな影響力を持ちうるわけではない。逆であり、消えた例が殆《ほとん》どである。消えたものは探り出せないが、断片的に知りえたことから類推すれば、その殆どが、自らの手で消しているのである。

明治は徳川期を消した、戦後は戦前を消した。しかし一つの時代の思想は必ず行動の規範となって残るから、歴史を消せば、自己の行動の規範が何に由来するか、その本人にも不明になり、基準はただ「そうしないと気がすまぬ」という感情だけになってしまう。そしてそのためにかえってその規範から脱却できず、同じことを繰りかえす結果になってしまう。これがいわゆる無思想的人間であろう。

だが、周辺文化は、受容であるがゆえに「客体化」しやすい。従ってそれは、思想史として客体化すれば、自らがそれを脱却して新しい文化を創造することも、客体化したものを他民族に手渡すことも、容易なはずである。

この容易なことを、日本人はしようとしない。アジアの国々は日本を〝先進国〟と見ているのでなく〝西欧化の先進国〟と規定しているのである。この二つははっきり別である。先進国に学ぶのなら、直接西欧に学べばよい。だが「西欧化」は西欧に学ぶことは出来ない。

しかし日本にそれを学ぼうとしても、日本自身がその過程を消しているから、何一つ伝えることはできないでいる。もちろん、彼らに「徳川時代」はないし、日本の行き方をそのままねることは不可能でも、日本人の行動の基準である「思想」を思想史として客体化すれば、彼らは、それから学ぶことはできるのである。日本がアメリカから学んだように——。そしてその結果どこかの国が、「わが国こそ真の日本である」といって日本を批判するようになれば、それは文化史的には一つの成功例、すなわち消えなかった例といえるであろう。

確かにいま日本は批判を受けている。しかし、そういう形で批判を受けているのではない。従って、彼らの日本への批判とアメリカへの批判が同じだと考えるのは、一つのうぬぼれにすぎないであろう。そこで、うぬぼれでなくどこかの国から「祝福すべき批判」を受ける日が、一日も早く到来することを願って、終わることにしよう。というのは、そのときが、日本が願ってやまないはずの「日中国交正常化」の日であろうから。

切りとり線

★読者のみなさまにお願い

この本をお読みになって、どんな感想をお持ちでしょうか。祥伝社のホームページから書評をお送りいただけたら、ありがたく存じます。今後の企画の参考にさせていただきます。また、次ページの原稿用紙を切り取り、左記まで郵送していただいても結構です。

お寄せいただいた書評は、ご了解のうえ新聞・雑誌などを通じて紹介させていただくこともあります。採用の場合は、特製図書カードを差しあげます。

なお、ご記入いただいたお名前、ご住所、ご連絡先等は、書評紹介の事前了解、謝礼のお届け以外の目的で利用することはありません。また、それらの情報を6カ月を越えて保管することもありません。

〒101－8701（お手紙は郵便番号だけで届きます）
祥伝社新書編集部
電話03（3265）2310
祥伝社ホームページ　http://www.shodensha.co.jp/bookreview/

★本書の購入動機（新聞名か雑誌名、あるいは○をつけてください）

＿＿＿新聞の広告を見て	＿＿＿誌の広告を見て	＿＿＿新聞の書評を見て	＿＿＿誌の書評を見て	書店で見かけて	知人のすすめで

★100字書評……日本人と中国人――なぜ、あの国とまともに付き合えないのか

名前

住所

年齢

職業

山本七平　やまもと・しちへい

1921年、東京生まれ。1942年、青山学院高等商業学部卒業。戦時中は砲兵少尉としてフィリピン戦線を転戦、マニラで捕虜となる。戦後、山本書店を設立し、聖書、ユダヤ系の翻訳出版に携わる。1970年発行の訳書『日本人とユダヤ人』がベストセラーになり、世に衝撃を与えた。日本の文化と社会を独自の手法で分析していく論考は「山本学」と称され、今なお広く読み継がれている。1991年、逝去。

日本人《にほんじん》と中国人《ちゅうごくじん》
――なぜ、あの国《くに》とまともに付《つ》き合《あ》えないのか

イザヤ・ベンダサン／著　山本七平《やまもとしちへい》／訳

2016年11月10日　初版第1刷発行

発行者……………辻 浩明
発行所……………祥伝社しょうでんしゃ
〒101-8701　東京都千代田区神田神保町3-3
電話　03(3265)2081(販売部)
電話　03(3265)2310(編集部)
電話　03(3265)3622(業務部)
ホームページ　http://www.shodensha.co.jp/

装丁者……………盛川和洋
印刷所……………堀内印刷
製本所……………ナショナル製本

Printed in Japan　ISBN978-4-396-11486-2　C0239

〈祥伝社新書〉
近代史

219
お金から見た幕末維新 財政破綻と円の誕生
政権は奪取したものの金庫はカラ、通貨はバラバラ。そこからいかに再建したのか？
作家 渡辺房《ふさ》男《お》

173
知られざる「吉田松陰伝」 『宝島』のスティーブンスンがなぜ？
イギリスの文豪はいかにして松陰を知り、どこに惹《ひ》かれたのか？
作家 よしだみどり

230
青年・渋沢栄一の欧州体験
「銀行」と「合本《がっぽん》主義」を学んだ若き日の旅を通して、巨人・渋沢誕生の秘密に迫る！
作家 泉 三郎

296
第十六代 徳川家《いえ》達《さと》 その後の徳川家と近代日本
貴族院議長を30年間つとめた、知られざる「お殿様」の生涯
歴史民俗博物館教授 樋口雄《たけ》彦《ひこ》

472
帝国議会と日本人 なぜ、戦争を止められなかったのか
帝国議会議事録から歴史的事件・事象を抽出し、分析。戦前と戦後の奇妙な一致！
歴史研究家 小島英俊

山本七平の世界

祥伝社新書

408
イスラムの読み方 その行動原理を探る

イスラム教の成り立ちから、その精神構造と行動原理に至るまでを読み解く

作家 山本七平
外交評論家 加瀬英明

441
昭和天皇の研究 その実像を探る

憲法絶対の立憲君主としての姿をあぶり出した画期的論考

山本七平

単行本

田中角栄の時代

戦後日本が生んだ怪物政治家はなぜ、かくも喝采《かっさい》を浴び、急速に没落したのか？

山本七平